パリのマルシェを歩く

Mes marchés parisiens en quatre saisons

原田幸代

Sachiyo Harada

CCCメディアハウス

パリのマルシェを歩く

Mes marchés parisiens en quatre saisons

もくじ

Table des matières

はじめに――パリ暮らしとマルシェ

「ああ、フランス人はいつも楽しそうでいいなあ」

モードの仕事に携わっていたとき、自身のブランドの新作発表のためにパリへ出張するたびに、そんなふうに思っていた。

そして13年前、とうとうそれまで経営していた会社を閉じて、自分がすごくリラックスできる場所、パリへ。

数ヶ月後、今後のことをぼんやり考えながら街を歩いていたら、突然「あの時のおにぎりの人〜！」と声を掛けられて……！ああ、すっかり忘れていた、しばらく前に日本からパリコレに参加していた友人のアトリエへ、おにぎりを差し入れしたことを。「わたしもそこにいたのですが、とっても感激しました」と言ってくれた彼女の嬉しそうな表情にびっくり。食という字は、〝人を良くする〟と書く。「食べることは、人を幸せにするんだなあ」。「食」に関係することを仕事にするのがいいかもしれない……とそのとき思ったのが、いまの仕事を始めるきっかけになる。

いやなことがあってクヨクヨと落ち込んでしまい、このままではどうにもならない！というとき、とりあえずマルシェに行ってみる。

季節の野菜の彩りや形の美しさを眺めているだけで元気が湧いてくる。土から生まれ出てくるものにみなぎる、底知れないエネルギーの波動を感じる。新鮮な野菜、果物、肉、魚を見るたびにワクワクし嬉しさが込み上げてきて、食べたいもの、作りたいものが頭に浮かんでくる。

そして、おいしいものは、すぐに誰かと分かち合いたくなる。とびっきりの旬の材料を好きなだけ使って料理をする、レストランでは味わえない贅沢にもうゴキゲン。温かい手料理でお腹が満ちると気分も落ち着いて、またがんばろう！と思えてくるから不思議。

マルシェとともに四季を暮らす

パリ近郊農家で作られている野菜、養鶏場直送の卵や地鶏、ブルターニュからの牡蠣や魚、バター、ロワール地方やサントル地方の豚肉、リムーザンの子牛、東北ピカルディーのりんごにシードル、さまざまな地方のチーズにワイン……。恵まれた〝テロワール〟を誇るフランスの広大な大地で育まれたものを中心に、コルシカ、シチリアの島々、そしてスペイン、ドイツ、オランダと、地続きのヨーロッパ大陸から、個性豊かな食材がマルシェに集まる。

雪解けが始まった頃の早春のたんぽぽの葉。まだまだ凍えるような地面に懸命に根を這わせるたくましい命。また巡りくる〝一年の始まり〟を感じて、たんぽぽの葉に「今年もまたおいしく食べて、元気に過ごせますように……」と心の中で掌を合わせる。

優しい緑のアスパラガスやPetits pois（プチポワ／グリンピース）を見つけると、「ああ、やっと春が来た！」と微笑む。初物というのは何度出合っても嬉しくて、長くて暗い冬を耐え忍んできたご褒美のよう。春野菜のシーズンの幕開けには、Ail nouveau（新にんにく）、Carotte primeur（走りのにんじん）……〝新しい、始まり〟という名が付くものは、とにかくありがたく感じる。この響きの初々しさよ！
硬かった木々の新芽がみるみる膨らみ芽吹いてくると気持ちも弾む。春の草を食んだ山羊や牛の乳を搾って作ったチーズ、バターの味が、ほかの季節のものとこれほど違うなんて知らなかった。

オレンジ色が鮮やかなアプリコット、いちごにさくらんぼがマルシェに顔を出すと、初夏のサイン。これから秋まで、彩り豊かな果物が豊富でおいしい時期。生ハムのお供はみずみずしい桃やネクタリン、甘みが強烈な南仏カヴァイヨンのメロン。新鮮な野菜で作るガスパチョや、上質なオリーブオイルと塩だけで食べる元気な夏野菜。夕方からテラスで弾ける泡を片手にアペリティフを愉しむのは、この季節ならではだ。

夏の終わりを感じるのは、アルザスから黄金色のミラベルが届く頃。いちじくとセップ茸やジロール茸が出てきたら、もう秋。名産地アルデッシュから大粒の栗も到着。それから、胡桃、りんご、梨……。立派なホタテ貝やアンキモ、さらにはバスクの一本釣りのカツオを見つけたら、大感激！

冬が迫ってくると、肉屋さんには野鳥やうさぎが並び、ジビエが始まる。名残のセップ茸と入れ替わりに、森からPieds de mouton（ピエ・ド・ムートン／羊の足）というきのこが出てくる。Salsifis（サルシフィ／西洋ごぼう）やトピナンブール（菊芋）など、根菜もぐっとおいしくなってくる。

まるで、旬の食材が暦のように、移りゆく季節を知らせてくれるのだ。

マルシェに通いつめるわけ

マルシェにはグルメで料理好きな人が集まってくる。野菜や魚を選んでいる人に「これで何を？」と尋ねると、どの人の顔もぱっと輝き、嬉々としてレシピを教えてくれる。おばさまおじさまたちは、長く生きている分、うんちくも体の厚みもモノ凄い。おうち秘伝の味、おばあちゃんのお惣菜、時にはシェフ達のアイディアまで、どれも本では決して得られないもの。おいしそう！やってみよう！と、すぐにその気になってしまう……そんなやり取りが何よりも楽しい。そして、パリ20区それぞれのエリアのマルシェとそこで暮らす人々のキャラクターもくっきり際立っていて、興味深い。

マルシェに通いつめるうちに、この国の食生活の豊かさ、長く培われてきた食文化が見えてくる。フランス人は食べること、毎日の生活を大切にして生きること、自分たちの命を養うことに労力をいとわない。フランス語の〝Jouir de la vie〟、これは日々、人生を愉しむという意味。そのために、「食」にまつわる作り手も買い手も、つねに情熱を傾けている。

わたしのパリ暮らしと楽しみの原点、マルシェへとご案内しましょう。

Printemps

春

早春のマルシェで初物に出合うと、
子どもの頃、雪解けの始まった山で
蕗のとうを見つけた時の嬉しさが蘇る。
厳しい冬から抜け出して、少しずつ日が長くなり、
木々が芽吹いて新しい命の誕生と再生を感じる頃。
春野菜の勢いや香りを楽しみ、色や形の美しさを
めでていると、なんだかやる気が出てきます。

Marché Port-Royal

マルシェ・ポール・ロワイヤル

天気が良い日には、ポール・ロワイヤル駅近くの遊歩道に並ぶ、マルシェに行ってみよう！と思い立つ。

あれ？　いつもはMonge（モンジュ）広場のマルシェに出ている、わたしの好きな八百屋さんを見つけました。パリ近郊エッソンヌの農家の人たち。販路拡大、商売繁盛のようですね。家族で野菜を作っていて、オーナーのマルクさんとお母さんは、いつも元気いっぱい。どんなに行列ができていても、おかまいなしのマイペース、お馴染みさんとは陽気に長話。待ちながらも、長話を楽しそうに聞いている人もいて〝やっぱりフランスだなあ〟と思う。

大小入り混じった芽キャベツは、アンチョビやカラスミを入れたパスタにするとおいしい!!特に、好きなのは小玉ねぎ。ピクルスにしても良し、煮ものやミネストローネにも使う。ここの野菜は武骨で泥だらけのものも多く、形は不揃いだけど、おいしくてお値段も良心的。お店の人は、親切だし気前よくおまけもしてくれる。

北の海オンフルールから来た魚屋さんには、Eperlan（エペルラン）が。このワカサギに似た小魚は粉をふって、さっと揚げて食べます。ホタテの看板のイラストもカワイイ。

エッソンヌで採れた大きなポロネギ。柔らかく茹でて
ヴィネグレットで和えるのが、フレンチ惣菜の定番。

Marché Port-Royal

マルシェ・ポール・ロワイヤル

boulevard de Port Royal 75005

メトロ：Port Royal RER B2

営：火、木、土　7時〜14時

左／これが Eperlan（エペルラン）。カリッと香ばしく揚げると、冷えた白ワインがぴったり。
右／春草を食べた山羊の乳で作った生チーズ。

チーズ屋さんは、春草を食べた山羊の乳で作ったフレッシュ・チーズからほのかに草の香り。カメラを向けると「これで、僕たちも日本では有名人だね！」とゴキゲンの2人は、バスク地方やスペイン、イタリア各地のハム・ソーセージを扱っています。いちじくと胡桃を練りこんだ鴨のソーセージがおいしそう！

さて、他のスタンドにも旬や〝走り〟の春野菜がたくさん。やっぱり、春から初夏にかけてはアスパラガス！　見つけたとたん、嬉しくなる。やっと、新にんにくも出てきました。プチポワ（生のグリンピース）は、春だけの味わい。豆ごはんやサラダに。最近出てきたのは、スペイン産のミニ・アボカド。5㎝くらいで種なし、濃厚な味です。クレソン、ラディッシュ、新玉ねぎに春にんじん。山のように積まれていたものが、あっという間に売れていきました。

木々の蕾も膨らみ始めたから、ここまで来たらリュクサンブール公園にも立ち寄りましょう。公園の端っこにある果樹園にたどり着くと、そこには手入れの行き届いたりんごの樹木や梨畑、ワイン用のぶどう畑まである。このあたりまでは観光客は訪れず、静かに過ごせるから、名付けて〝わたしの秘密の花園〟。そばにある蜂の館、巣箱が並んだ一角は、花が咲く頃になるとミツバチたちが大忙し。花だけでなく、菩提樹やマロニエ、栗まであるから、蜂たちがせっせと作っているのは、〝森のはちみつ〟かしら？

平日にこのマルシェへ行く楽しみは、お気に入りのパン屋さんへ顔を出すこと。オーナーは我が道を行くアーティストだけど、気難しいところは微塵もなく、いつも機嫌よく笑っていて

春先には温暖な南の国、スペインやイタリアからの初物がどんどん増えてきて心躍る。

楽しそう。ここは、すぐそばにあるガラスの職業訓練学校に通っていた頃に、お世話になっていた。夜間の力仕事に備えて、ここのパンで腹ごしらえをしたら「さあ、もうひと頑張り！」と、授業へ向かったもの。

人を招いている週末だったら、ハズす心配なしのパンテオンのワインカーヴ、Les Caves du Panthéon（レ・カーヴ・デュ・パンテオン）へ。気になるワインを見つけたら、近所のカフェ Café de la Nouvelle Mairie（カフェ・ド・ラ・ヌーベル・マリー）に行けば、レ・カーヴ・デュ・パンテオンに置いてあるほとんどのワインを味見できる。

学生の頃はいつも嫌いな勉強に苦しめられていた思い出ばかりだけれど、やっぱりカルチェラタンはいいなあ、と思う。

マルシェのあとに、おいしい散歩道

Bruno Solques
ブリューノ・ソルク
243, rue Saint-Jacques 75005

ここのスペシャリテは天然酵母の田舎パン。季節のフルーツを使ったヴィエノワズリーも人気。オーナーの創り出す独自の世界はグルメ雑誌のエディターやパン業界のプロ達にも多くのファンを持つ。

Le Guynemer
ル・ギヌメール
78, rue d'Assas 75006

Café gourmand（カフェ・グルマン）という名のミニデザートの盛り合わせや、焼きたてのクレープがおいしい。地下はスポーツカフェ。サッカーやラグビーの試合がある日は大いに盛り上がる。

Marché Convention

マルシェ・コンヴァンション

ここは、15区の数あるマルシェの中でも、もっとも規模の大きいところ。週に三度、市が立ち、その両側の商店街には、クロワッサンで有名なパティスリーやパリで2番目に古いという歴史ある焙煎コーヒー店Les Caféeries de Paris（レ・カフェリー・ド・パリ）、ショコラティエなどがあり、充実。日曜日の昼近くになるとかなり混雑するので、早めに出かけるのがお薦めです。

カトリックの風習で、金曜日に魚を食べるという人が多いせいか、たいてい、魚屋さんが新鮮な魚をたくさん仕入れて並べるのは金曜の朝。なので、わたしが魚を買うのは金曜日の早朝、もしくは週末に売り切って、また新しいものを仕入れている火曜の朝となる。でも、ここの浜直送の魚屋さんは、日曜日でも大丈夫！　今日も豪快に大きな鱈を捌いていきます。イカも肉厚でおいしそう。

魚の卵も、春ならではのもの！　鱈やスズキの卵をフランスではフライパンで焼いたりするけど、うちでは新鮮なものを見つけると、気長にタラコやカラスミを作る。

Morue（モリュ）、Cabillaud（カビヨー）、Colin（コラン）は、この時期に豊富なタラ科の魚。

Marché Convention
マルシェ・コンヴァンション
rue de la Convention 75015
メトロ：Convention ⑫
営：火、木、日　7時〜14時

ハーブや野菜の苗まで、スタンドにお目見え。料理好きのキッチンのバルコニーには欠かせないもの。

La Botte
65
€
1,50
74
€
2

もちろん、野菜の鮮度もよく、抜群の品揃え。マルシェ入口近くの八百屋さんには、春野菜が揃い踏み。蕪は葉まで食べられるし、小ぶりのアーティチョーク（西洋アザミ）は、さっと茹でてオリーブオイルでグリルするとうまい！　柔らかい春キャベツを見つけると心の中で「わーい！」。生の千切りをたくさん食べたいのでトンカツを作ろうかな。さっと湯通しし、甘みが増して緑色が鮮やかになったものを、ワカメやイカと一緒にドレッシングで和えるのもいい。この季節だけの味なので、逃さじ！　いろいろと楽しみたい。

ピレネー山脈の麓で放牧された子羊は、生後45日以内のもの。これも春のご馳走、フランスの食文化ですね。

チーズを買う際は、店の人に食べるタイミングを伝え、
熟成の加減が良いものを選んでもらう。

ブルーベリーにフランボワーズ（ラズベリー）が飛ぶように売れていきます。

　ロマンチックな花柄のカーテンの掛かるスタンドには、小芋が充実。ここのお薦めは、ヴァンデ県の小さな島Noirmoutier（ノワールムティエール）の特産品のSirtema（シルテマ）。ほんのわずかしか収穫できない希少な物なのでお値段はほかの小芋の2倍以上、でも、珍しいので買ってみることに。海辺で栽培されていて〝海草のヨード〟の味だそう。

　葉が活き活きとした新鮮なコールラビ。奥には、最近気に入っている紅芯大根や走りのBetterave（ベットハーブ／ビーツ）が。まだまだ旬なのは、た

レギュウム・ウブリエ（忘れられた野菜）として昔ながらの品種がカムバック。しっかりとした味が人気。

んぽぽの葉。
ちょっと几帳面な感じのチーズ屋さんには、春の牧草を食べた牛や山羊の乳を搾って作ったチーズがきれいに並んでいる。

さて、マルシェを堪能したら、Laurent Duchêne（ロラン・ドシェンヌ）で買ったクロワッサンを頬張りながら、ジョルジュ・ブラッサンス公園まで歩くことに。日曜日であれば、公園奥の古本市をのぞいてみるのも楽しい。ピカソやマチス……などの画集はもちろんのこと、絵本や古い絵はがき、紙のコレクションもかわいい。宝探しをしていたら、面白いものを発掘。明治の頃、多分、貿易商のお父さんでしょうか、滞在していた日本からフランスにいる娘へ宛てた着物姿の女性たちのポストカード。100年以上前の日本の文化が、いまもこうして旅を続けています。

マルシェのあとに、おいしい散歩道

Laurent Duchêne

ロラン・ドシェンヌ

238, rue de la Convention 75015

大御所シェフが腕をふるうケーキをはじめ、パン、ショコラ、コンフィズリーなど、どれも素晴らしい。15区の食いしん坊達に愛されるパティスリー。コンテストで1位に輝いたクロワッサンが有名。

Marché du Livre Ancien

マルシェ・デュ・リーヴル・アンシアン

104, rue Brancion 75015

おしゃれの参考書、50年代フランス映画のブリジット・バルドーのピンナップやスタイルブックなども見つかる。コレクターが多いタンタンなどの絵本コーナーを見て歩くだけでも楽しい。

Marché Anvers

マルシェ・アンヴェール

なんて素敵なマルシェなんだろう！

振り返れば、遠くにサクレクール寺院が白く輝いている。モンマルトルの麓、メトロAnvers（アンヴェール）駅に毎週金曜日の午後3時頃から開かれる夕市。金曜日は早めに帰宅して、週末のディナーを楽しもう！という昔からのお得意さんやボボたちで大賑わい。

ゴキゲンで歩いていたら、この界隈に住む友人たちにばったり。これは運がいい！　さっそく、案内してもらうと、おいしそうなものがあれこれ出てくる出てくる。やっぱり、持つべきものは食いしん坊の友だちだ。

最初に紹介してくれたのは、ノルマンディからの牡蠣屋さん。オーナーが特別にこのスタンドの秘密を見せてくれました。裏に停めたトラックの中の生け簀に元気なオマールや蟹がザワザワ……。こういうスタンドは稀だそう。

次は、友人の行きつけのチーズ屋さん。マルシェの名物おじさん、ジャン・ルイがフランス中部アンドル県から運んで来た山羊のチーズは、伝統的なやり方で手造りしたもの。同じ農場

アンドル県の農場で父は山羊のチーズ、息子は養豚に精を出す。パリで一番うまい豚肉、ここにあり！

Saucisse de volaille（ソシス・ド・ヴォライユ／手前）は鶏肉専門店ならではの鶏肉ソーセージ。

PORC
Echine-rôti
PORC
Jambonneau
1 pièce
10,00 €

Marché Anvers
マルシェ・アンヴェール
place d'Anvers 75009
メトロ：Anvers ②
営：金のみ　15時〜19時30分

で息子さんが飼育している豚のソーセージ、パテも素晴らしい！

寒さのせいか、つい肉屋さんに目がいってしまう。鶏やソーセージなどのグリルは焼き色も良くて、ゴクリ！さすが鶏肉屋さん、大鍋の中には砂肝の煮込み。この夕市には、買ってすぐ夕飯に出せるようなものが充実。

八百屋さんのスタンドをのぞくと、17区バティニョールのビオマルシェでも見かけた農家の人たちも店を出しています。すっかりパリの食卓でもお馴染みになった〝SHIITAKE〟に、温暖なスペインから来る空豆、これから旬をむかえるアーティチョーク。友人が「これが、おいしいの！」と、お薦めの砂付きにんじんは、ランド県の砂地

で栽培された特産品。
　帰り途に立ち寄った、マルシェの裏にあるジュース・バーで飲んださとうきびのジュースがとてもおいしかった。作ってくれたのは、「まだオープンしたばかりなの……」と言う初々しい2人。3年かけて、やっと店が持てたのだそうだ。
　「好きだから、おいしいものを分かち合いたいから」という熱意だけで、プロじゃない人が始めた店の方が案外、おいしいなあとしみじみ。そこで思い出すのが良寛さんのこの言葉。「一番嫌いなのは、歌詠みの歌、書家の書、料理人の料理」。商売のためにおざなりに作ったもの、売れ筋、流行りもの

左／ビオのマーク AB を掲げたスタンドは、大人気。
右／牡蠣は大きさが5種類あるので、好みに合わせて。

ばかりを集めた店は、どこも同じ顔をしていてつまらない。

最近よく、会社を辞めて新しい人生を歩み始めた人、店を開業した人に出会う。みなが口にするのは〝Passion〟、パッション＝情熱。そういう人たちがどんどん集まって来て、街を活気づけている気がする。

もうひとつ、この界隈につい足が向いてしまう理由が、毎年開かれるコンクール〝パリ最優秀バゲット・グランプリ〟の優勝者の店が4軒もあること。どの店も毎日、切磋琢磨。石畳の坂道を歩きながら、シェフたちの〝パッション〟を食べ比べ——これも面白いと思います。

上／大鍋の中、グリルした鶏の焼き汁が浸み込んだじゃがいもは、みんなが大好きな付け合わせ。

マルシェのあとに、おいしい散歩道

Pain Pain

パン・パン

88, rue des Martyrs 75018

オーナーのセバスチャン・モヴュー氏は、2012 年バゲット・グランプリの優勝者。美人おかみサンドラさんが仕切る店は、インテリアもケーキもスタイリッシュ。アベス周辺が好きで集まる若い人達が絶えない。

Bül

ブル

20, avenue Trudaine 75009

フランス初のさとうきびジュースの店。主人の故郷エジプトから空輸するさとうきびは、瑞々しく優しい甘み。ビタミンやミネラルたっぷりなエナジー・ドリンク。何よりも、ここは居心地がよくて好き。

Marché Place des Fêtes

マルシェ・プラス・デ・フェット

4月といえどもまだ冬の気配が居座っていて、ひりりとするその寒さの中をエイ！　ちょっと気合いを入れてパリの北のマルシェに向かう。天を見上げて、澄んだ青空が顔を出せば、今日はついてる気分。

お目当ては春だけの楽しみ、ほろ苦い味のたんぽぽの葉。

子ども時代を過ごした北海道の春到来のサインは、雪解けの野山に、ひゅっと顔を出す黄緑の〝蕗のとう〟。「春の山菜の苦みが体を若返らせる」と言っては、ありがたそうに食べていた祖母の姿を思い出す。季節ごとに家族で山に分け入って摘んでいた山の幸。母は、タラの芽の天ぷらや蕗のとうの酢みそ和えなどを作って食べさせてくれた。

わたしにとって春野菜は、そんな〝山のご馳走〟を思い出す大切なもの。露地物の野性味溢れる春野菜をいただくと、冬の間眠っていた自分の体が目覚めてくるようだ。このマルシェには、そんな「おいしさの出合い」みたいなものがいっぱい。

Marché Place des Fêtes
マルシェ・プラス・デ・フェット
place des Fêtes 75019
メトロ：Place des Fêtes ⑪
営：火、金、日　7時〜14時30分

このマルシェには、料理人がわざわざ鮮度の良い魚を
目当てにやって来る魚屋さんも。お値段は庶民的。

さっそく、メトロ入口すぐ横の八百屋さんでたんぽぽの葉を見つけた。「ああ、春が来た！」と、肌で感じるこの瞬間。カリッと香ばしく焼いたベーコンと半熟卵をのせて、レモンとオリーブオイルでいただこうと、すぐにメニューが目に浮かぶ。

パリのビストロや食卓でも、すっかり馴染みになりつつある〝Légume oublié（忘れられた野菜）〟と呼ばれるトピナンブールや、見た目は大きめの白いにんじんのパネなども新鮮なものが揃っています。

このマルシェで特に目を引くのは、おいしそうなものがひしめいているポルトガルのスタンド。ショーケースの

上にのっているのは、伝統的なお菓子〝パスティ・デ・ナータ〟。カスタードクリームがトロリの大好物！

サラダやピザ、パスタなどにトッピングしてもおいしい小粒のオリーブと、小みかんと一緒にマリネした大粒のオリーブを買う。珍しいのは、塩鱈と一緒に売られている菜の花。これはポルトガルのみそ汁、Caldo verde（カルド・ヴェルデ＝緑のスープ）に使うもの。気軽な発泡ワイン〝ヴィーニョ・ヴェルデ〟も揃っている。ポルトガルといえば、子豚の丸焼きが食べたい！　と思いつつ、肉屋さんにぶら下がる子山羊と子豚を横目に眺めながら……、アフリカンとアンティル諸島のお惣菜屋さんへ。ここでは友人の子どもたちが大

ポルトガル移民の多いパリ。地続きの利もあって本場のものが何でも揃う。ハムやチョリソもお薦め。

早春に生まれた子山羊や子豚が食べ頃に。これも昔から続くヨーロッパのガストロノミー。

好きというAccras（アクラ／鱈）のコロッケを買う。

その隣のはちみつ屋さんには〝パリで採れたはちみつ〟のラベルが。

そういえば友だちが「Place des Fêtes で採れたはちみつがあるのよ」と言ってたっけ。養蜂家であるスタンドの店主に聞いてみると、「〝パリ産のはちみつ〟とされているのはヴァンセンヌの森をはじめ12カ所に設置した巣箱から採取したもの」なんだそう。ここのすぐ側の公園にも蜂の巣箱があるそうで、〝パリ19区産〟と記されたはちみつも並んでいた。

季節によってはパリ近郊、シャンティーの森では〝菩提樹のはちみつ〟が、エッソンヌでは〝蕎麦の花のはちみつ〟が採れるという。パリの春のはちみつは、マロニエとアカシアだそうで……季節や地方によって、はちみつにも旬があるなんて、いままで知らなかった。

マルシェのあとに、おいしい散歩道

Epicerie Ô Divin
エピスリー・オー・ディヴァン
130, rue de Belleville 75020

自家製のパテやフォアグラ入りパイ、農場直送の野菜や肉、希少なナチュラルワインや極上オイル。食材を知り尽くした料理人ならではのセレクトは、ジャーナリストや舌の肥えたボボ達を唸らせる。

Vino Sfuso
ヴィノ・スフゾ
5, rue Jean-Baptiste Dumay 75020

シチリアやトスカーナ、ピエモンテなどの名産地で樽詰めされたイタリアワインを量り売り。常時15種類が揃う。近所の友人や常連さんたちが瓶を持って通いつめる。爽やかなプロセッコ（発泡酒）がお薦め。

Marché Cours de Vincennes

マルシェ・クール・ド・ヴァンセンヌ

パリの東、Nation（ナシオン）広場の2本の巨大な円柱。そこから、美しいプロムナードに沿って長く長く伸びるマルシェは、パリの中でも最大規模のもの。

まだまだ肌寒さは残るものの、5月に入ると厳しくて長い北国の冬は終わりを告げ、この時期から夏にかけてがもっとも爽やかで気持ちの良い、わたしの一番好きな季節。新緑がどんどん力強く伸びてきて、日も長くなる。そして、マルシェに並ぶ春野菜の中に、夏野菜や果物も少しずつ顔を出し始めたのを見て、南の国スペインやイタリアの陽光を感じる。

ここのマルシェで必ずのぞくのは、卸売市場を通さずに、生産者が畑から直接持って来た野菜を販売しているいくつかのスタンド。まさに〝作り手の顔が見える〟ところです。パリから東へ30㎞のLa Seine-et-Marne（ラ・セーヌ・エ・マルヌ）県で栽培されている野菜を売るスタンドには、畑から採れたばかりのラディッシュやハーブがピカピカに輝いています。ああ、春

Marché Cours de Vincennes
マルシェ・クール・ド・ヴァンセンヌ
cours de Vincennes 75012
メトロ：Nation ①②⑥⑨
営：水、土　7時〜14時30分

白いアスパラガスはロワール地方の特産品。やっぱり、
4月頃から出てくる露地物がおいしい。

だなぁ。待ちに待った白いアスパラガスのシーズンも到来！

イル・ド・フランス内、パリから北西のヴァル・ドワーズ県から来たスタンドもあります。元気なマダムたちが、野菜と同じくシャキシャキと立ち働いています。

ノルマンディからのスタンドは、特産のりんごや手造りのコンフィチュールが自慢。

どのスタンドでも花形は、旬を迎えたいちごとアスパラガスのようです。

魚屋さんは数あれど、どうも買いたくなるような魚が見つからない……、と目をサラのようにしていると、活きたBulot（ビュロ貝／小さなツブ貝）！

魚屋さんのマダムに茹で加減を聞くと、「塩をひとつかみ入れて水から茹でるの。沸騰してからは弱火で20分。火を止めたら、そのまま放置して、お湯に指を入れられるくらい冷めたらできあがり！よ」。なるほどと思っていると、そこへ、元料理人というおじさまがさっと現れて「茹でる時に、鍋に少しだけオリーブオイルを入れると、貝殻から身がスルッと抜けて食べやすいし風味もいいよ」と、ニコニコ。
　帰宅後、教えてもらった通りに茹でてみると、身が簡単に取れて、柔らかくおいしい！　知っているつもりだったことも、こうしてあらためて聞いてみると発見がある。なによりマルシェに来れば、食べることが大好きで親切

早めの時間なら、売り手も買い手も余裕でのんびり。じっくり品定めしながら、気に入ったものを。

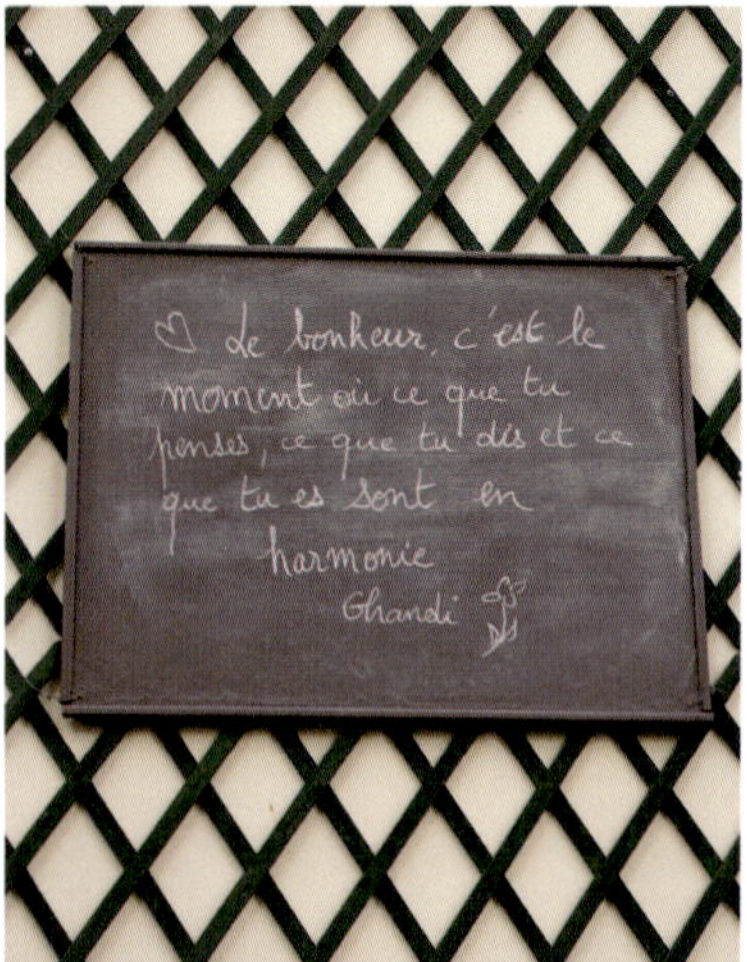

右／「わたしの野菜と果物は昔ながらのやり方で栽培しています」。これは、ノルマンディの産物を並べた農家の看板。

な人たちにいつでも会えるのが、とっても楽しい。

そして、今日のもうひとつの発見は、マルシェの横の静かな小道で、家の壁に据え付けられた黒板の文字。そこには……。

“Le bonheur, c’est le moment où ce que tu penses, ce que tu dis et ce que tu es sont en harmonie„

Ghandi

「幸せとは、自分が考えていること、言っていること、そして、やっていることのすべてが調和している時のこと」というガンジーの言葉です。窓辺に緑を配したかわいい長屋風の家。これを書いたのは、きっと、毎日を丁寧に大切に生きている人なんだろうなあと思う。

パリをゆっくり歩いてみると、こんな素敵なメッセージや気の利いた落書きに出合うことがあります。

マルシェのあとに、おいしい散歩道

L’Autre Boulange

ロートル・ブーランジュ

12, place de la Nation 75012

100年前に造られた薪窯を使い、昔ながらの手法で焼くパン。栗の粉、ライ麦やシリアルをブレンドして香ばしく焼き上げたものが人気。フィガロ紙のランキングで1位になったフラン（カスタードタルト）は素朴な味わい。

Chez Prosper

シェ・プロスペール

7, avenue du Trône 75011

広場を望むテラスが気持ちの良いカフェ。週末は、巨大なステーキやバーガー、ボリュームたっぷりのブランチを嬉しそうに食べる家族連れで賑わう。豪快で気取らないビストロ料理が好評。

Marché Grenelle et Rue Cler

マルシェ・グルネルとクレール商店街

小雨が降る日曜の朝は、地下鉄La Motte-Picquet Grenelle（ラ・モト・ピケ・グルネル）駅前にあるマルシェに行くことに。高架下にあるので雨の日も心配なし、というわけです。夏のほのかな香りとともに、真っ先に目に飛び込んできたのは色鮮やかな芍薬。スタンドには山と積まれたピンクの大輪も。これは、初物として買いましょう！　熟したさくらんぼも出てきました。夏が近づくと、どんどん甘くなっていくアプリコット。これも初夏の味わい、野生のアスパラガス。茹でて、サラダやお浸しにしていただきましょう。ブルゴーニュ名産エスカルゴのスタンドには、エスカルゴバターをたっぷりのせたパイやグラタンが並んでいる。これは、フランス人の大好物。茹でたてのじゃがいもにバターやクリーム、チーズを加えて練っているのは南西部の名物Aligot（アリゴ）。

ここのマルシェには、お目当てのスタンドがふたつあります。日曜日だけ、フランスの東北ピカルディー地方からやってくる農家のところには、すでに常連さんたちが辛抱強く行列。野良で鍛えられた逞しい風貌の、ダイナミックで大らかな店主。

有機農法で作られた野菜のおいしさがよくわかるのは、甘みのある根菜と香り豊かで勢いあるハーブ。

Marché Grenelle
マルシェ・グルネル
bd. de Grenelle 75015
メトロ：⑥⑧⑩
La Motte-Picquet Grenelle
営：水、日　7時〜14時30分

左／優しい緑のAsperge sauvage（アスペルジュ・ソヴァージュ）。旬が短いので、出てきたら早速、料理して季節を堪能。

野菜だって作っている人そのもの、武骨ながら味わいのある表情をしています。畑から採れたばかりの不揃いの野菜たちは、他にはないおいしさとお値段が魅力。お客さんとのやりとりを見ていると、信頼されているのがよくわかります。

もうひとつ、フランスの中央部に位置するアンドル県でシェーブルチーズを作っているジャン・ルイさんのところへ。彼のチーズ造りは、まず山羊に食べさせる飼料作りから。自分の農場で栽培する無農薬のとうもろこしに麦、野草や木の葉。搾った乳を昔ながらの方法でチーズに加工していくのは、奥さまが担当する。黒いわら灰をまぶして発酵させたチーズが、ここの名物だ。気がつけば、あっという間にお馴染みさんたちの輪ができて、楽しそうな笑い声が響いている。

マルシェは、先祖代々の土地を守りながら、その人生をかけて真面目に物づくりをし、そこに喜びを感じている人たちと出会える場所でもあるのです。

Rue Cler
クレール商店街
rue Cler 75007
メトロ：Ecole Militaire ⑧

マルシェを出たら、Ecole Militaire（エコール・ミリテール）方向に歩いて、Champ de Mars（シャン・ド・マルス公園）とエッフェル塔を見ながら、もうひとつの市場通りRue Cler（リュー・クレール）へ。老舗のイタリアン・デリ、ワインカーヴやおみやげ探しが楽しくなるようなエピスリー（食料品雑貨店）、ショコラティエなどがあります。

山羊のチーズ一筋、Jean-Louis（ジャン・ルイ）さん。

毎日でも通いたいほど気に入っているのが、１９１３年創業の老舗イタリア食材店。ハムにチーズ、オイル、瓶詰めのアンティパスト……、奥の厨房で作ったばかりのできたてを出している、昼夜日替わりのお惣菜やデザートが人気。オリジナルのトリュフオイルは自慢の一品だし、チーズは真空パックにしてもらえるので、日本へのお土産にもいい。

１９２１年から続く老舗のはちみつ屋さんFamille Mary（ファミーユ・マリー）には量り売りのものや、フランス国内外から集めたはちみつの瓶詰め、さらにはプロポリスにローヤルゼリー、石鹸まで。

そうそう、本場のクレーム・シャンティイーを楽しめる店もできていました。流行のヴァシュランに挟んだ、クレーム・シャンティイーと新鮮な果物がおいしそう。

最近いろいろな界隈に増えているワインカーヴ Nysa（ニサ）。無添加、無濾過のナチュラルワインやノンドサージュ（補糖をせずに仕上げたもの）のシャンパーニュ、アルザスワインが良い。また普段用の、手頃でおいしいワインもたくさん。

老舗のコンフィズリー A la Mère de Famille（ア・ラ・メール・ド・ファミーユ）に、チョコレートやプラリネのブリオッシュが人気の Pralus（プラリュス）。エピスリー L' Epicerie Fine（レピスリー・フィン）ではブルターニュのサブレや塩キャラメルも買いたい。

この界隈に来ると、いつも思い出すのは30年前のパリ旅行。

友人と一緒に、この通りでおいしいものとワインを買い込んで、エッフェル塔を見ながら夜のピクニックをした日のこと。あのときの幸せな気持ちが、ありありと蘇ってくる。初夏のパリは、いつまでも明るくて風も爽やか。食後は、ほろ酔い気分でアール・デコ様式のエレガントなアパルトマンを見て廻りながら、その頃心酔していたアラン・レネ監督の映画『Mélo／メロ』のサビーヌ・アゼマが出てきそう！　なんて、美しいファッサードの前で感動に浸っていたもの。

パリが素敵だなあ、と思うのは〝いまもなお同じものが変わらずにそこにある〟こと。おいしいもの美しいものとの出合い、その思い出はずっと宝物。

マルシェのあとに、おいしい散歩道

Davoli
ダヴォリ
34, rue Cler　75007
どうよ、この物量！　イタリアの豊かな食が凝縮したようなディスプレーは圧巻。ノエルにはパネトーネも登場していっそう華やぐ。Davoliブランドのペーストやピクルスが、アペロにもってこい。

Maison de la Chantilly
メゾン・ド・ラ・シャンティイー
47, rue Cler 75007
パリの北、王族が居を構えたシャンティイー城由来のクレーム・シャンティイー（ホイップクリーム）は、秘伝のレシピ。瓶詰めのクリームは、パンケーキの上に、ショコラ・ショーにと、家でも楽しめる。

春のレシピ①

パックのサラダ
春野菜のミルフィーユ

Salade de Pâques
Millefeuille de légumes printaniers

Pâques（復活祭）はキリスト教の大切な祭日。フランスでは、ご馳走を囲み、家族と一緒に過ごすのが習わしです。卵は、"誕生、復活、善意"を示すシンボル。色鮮やかな春野菜と卵の黄色に、春の訪れを感じてワクワク。フランス風に、大好きな人をこんな手料理でおもてなししてみては。

材料　4人分

野菜A
- 新じゃがいも…200g
- ブロッコリー…1/2個
- グリーンピース…200g
- 芽キャベツ…100g
- ロマネスコ（または、カリフラワー）…1/2個
- 空豆…200g

野菜B
- 葉野菜（マーシュ、ルッコラやベビーリーフ）…ひとつかみ
- アルファルファ…ひとつかみ

固茹で卵…1個
うずらの茹で卵…2個
オリーブオイル…適量
レモン汁…適量
塩…適量

① 大きめの鍋に水と塩をひとつかみ入れ、野菜Aの新じゃがを茹でる。柔らかくなったら引き揚げて、皮を剥いて一口大に切っておく。
② 同じ鍋で、新じゃが以外の野菜Aを茹でていく（茹で加減はお好みで）。茹であがったものから引き揚げて、ザルに上げ冷まして、水気を切っておく。
③ 茹で卵を白身と黄身に分けて裏ごし（または、細かくみじん切り）。
④ 大きめのガラス器を用意して、彩り良く野菜を重ねていく。最後に野菜Bの葉野菜をのせて、真ん中にアルファルファを敷きうずらの卵をのせる。その周りに、裏ごしした2色の卵を交互に飾って、できあがり。

お皿に取り分けてから、味付けは上等のオリーブオイルと塩やレモン汁で。

春のレシピ②

春野菜のピクルス オレンジ風味

Pickles printaniers à l'orange

フランス各地の山や森で採れ、伝統的な手法で造られているはちみつがおいしい。春につくるピクルスは、オレンジの香りとはちみつの自然な甘さをアクセントにしたい。勢いのある旬の春野菜は色鮮やかで、見ているだけで元気をもらえそう。春をまるごといただきましょう！

材料 4人分

春にんじん（あれば2、3色）…6～8本
新玉ねぎ…5、6個
小蕪…5、6個
フヌイユ（ういきょう）またはセロリ…1個
パネまたは大根…1本
ラディッシュ…適宜
空豆…適宜

マリネ液
酢（米酢、穀物酢、ワインヴィネガーなど）…1カップ
水…2カップ
砂糖（精製していないもの）…50g
はちみつ（パリ産・アカシアを使いました）…大さじ2
塩…大さじ1
ローリエの葉…2枚
粒こしょう…小さじ2
コリアンダー・シード…小さじ2
グランマルニエ…小さじ2
オレンジとレモンの皮の千切り…少々

① 鍋にマリネ液（グランマルニエとオレンジ、レモンの皮以外）の材料を入れて中火にかけ、砂糖と塩が溶けたら火から下ろして、グランマルニエ、オレンジとレモンの皮を入れて冷ます。
② にんじんとパネ（または大根）の皮を剥く（無農薬の物は皮付きのままで）。
③ すべての野菜を食べやすい大きさ、長さに切る。
④ 大きめの鍋に湯をたっぷり沸かして、塩をひとつまみ入れ、すべての野菜をさっと湯にくぐらせ（30秒くらい）ザルに上げて、水気を切っておく（冷水に晒さない）。
⑤ 野菜を容器、または保存袋に入れて、マリネ液を注ぐ。
⑥ 粗熱がとれたら冷蔵庫に入れておくと、半日くらいで食べごろに。

グランマルニエ風味とはちみつが酸味を和らげて、優しい味のピクルスのできあがり。好みで、マリネ液にオレンジやレモンの搾り汁を加えても。

春のレシピ③

春野菜のスプリングロール

Rouleaux printaniers

フランスの代表的なサラダといえば、Crudité（クリュディテ）。好きな野菜をどんどん刻んだだけ、生でたっぷりといただきます。これはクリュディテをそのまま包むような感じで、野菜が主役の春巻き。水彩画を描くように、色の組み合わせを楽しんで。ちょっとしたおもてなしやアペリティフにいかが？

材料　春巻き８本分

春巻きの皮…８枚
キャベツの葉…4、5 枚（茹でる分）、
　2、３枚は生で千切り
にんじん…2,3 本（半量は茹でる分、半量は生で）
アスパラガス…４本
空豆…200g
ラディッシュ…5、6 個
海老…８本
鶏ささみ…４本
ドライトマト（千切り）…少々
オリーブ…5、6 個（刻む）
アンディーブ…２個
クレソン…少々
他にあれば、好みの野菜をいろいろ

ソースＡ
しょうゆ…大さじ２
オリーブオイル…大さじ１
酢…小さじ１
新にんにく（すり下ろし）…小さじ１

ソースＢ
アーモンドペースト（練りゴマでも）
…大さじ１
水…大さじ２
しょうゆ…小さじ１
酢…小さじ１
好みでスイートチリソース…適宜

① 水に塩少々を入れて沸騰させた鍋で、キャベツの葉をさっと湯通しして冷ます。
② 同じお湯で、空豆、アスパラガス、にんじんをさっと茹でて、ザルに引き揚げて冷ます。
③ また、同じお湯で、殻を剥いて背ワタを取り除いた海老とささみを茹でて冷ましておく。
④ 生のにんじんをピーラーでスライス。
⑤ ラディッシュをスライサーで薄切りに。
⑥ まな板の上にキッチンペーパーをのせて水をかける。その上に春巻きの皮を置いて、軽く湿らせてから好きな材料を並べて巻いていく。食べやすいように、２～３等分に切り分ける。
⑦ ソースの材料を各々混ぜ合わせて、器に注ぐ。

春のレシピ④

ペトンクルのファルシー

Pétoncles farcis

冬から春にかけては、貝が食べごろ。これはノルマンディ地方の郷土料理“ムール貝のファルシー”をアレンジしたもの。ペトンクルはイタヤ貝の一種で、フランスではポピュラー。ツブ貝やハマグリでもOKです。焼きたてのアツアツを冷えた白ワイン――シャブリやソミュールと一緒に。これは、本当にうまい!!

材料　4人分

ペトンクル…500gくらい
オリーブオイル…大さじ3
パン粉…大さじ3
にんにくすり下ろし…小さじ1
パセリのみじん切り…少々
塩…少々

① 貝の隙間にナイフを入れて開け、片方の貝殻を取り外して流水でよく洗う。ヒモやワタは付けたまま。天板に粗塩を敷き（なくてもよい）、貝を並べる。
② 小ボウルに材料を全て混ぜて、貝の上にのせる。
③ あらかじめ温めておいたオーブンに入れ、200℃くらいで、5分ほど焼く。

été

夏

夏の陽光が強くなってくると早起きをして、
どこまでも歩いてみたくなる。買い物カゴをさげて、
パリ郊外の農家で作る野菜を探しに行こう！
遠くても、おいしい食材を考えると気持ちも弾む。
ずっと心待ちにしていた夏の果物もかわいい。
鮮やかな夏野菜にも元気をもらいます。

Marché Daumesnil

マルシェ・ドメニル

このマルシェには、ついひとり笑いをしてしまう思い出がある。

ある夏の日のこと。八百屋さんの列に並んでいて、気がついたら胸元にかけてあったはずのサングラスがない！　ひとりでキョロキョロと、探し始めたら「ええ？　どうしたの？」「ふむふむ、どれどれ……」と、あっという間に伝言ゲームのように、ずら～っと列を作っているおばちゃんたちに伝わっていった。八百屋さんの店主も加わって、カゴをひっくり返したり、掛けてある幕をめくったりと、ちょっとした騒ぎ。さすが、ラテンの血が熱い。10人が10人、いっせいに口を開く。「どんな形なの？」「色は？」「それって、高かったんじゃないの？　オーラララー……」。そうこうするうちに、どんどん人が集まって来てしまった。〝ちょっとした……〟が、いっきに蜂の巣をつついたような大騒ぎに発展。でも結局、見つからなかった。「あんた、残念だったわね」「この先のスタンドに安くていいのが売ってるから、買って帰りなさいよ～」と口々に優しい励ましの言葉。お騒がせしてしまったけれど、「ああ……もし、スノッブな人が集まる16区のマルシェだったら、こうはいかないなあ」と。サングラスを失くして残念な気持ちよ

この魚屋さんは、マルシェで一番の鮮度。海の幸を使ったサラダやマリネなど、アペロを彩るタパスも並ぶ。

Marché Daumesnil
マルシェ・ドメニル
place Félix Eboué 75012
メトロ：Daumesnil ⑥⑧
営：火、金　7時〜14時30分

LAVIOLETTE
LAVIOLETTE

りも、なんだかおかしいような、嬉しかったような、晴々とした気分で家路についた。

人懐っこくて、ちょっぴりおせっかい。熱くて、世話焼き、好奇心旺盛で元気。混じりっけのない親切心……。こういう下町の〝おかんスピリット〟というのは世界共通なんだなあ、やっぱり、……そんなことをバスの中で考えながら。


ところで、肝心のマルシェ。

ライオンが鎮座する広場を目印にぐんぐん歩いて行くと、ラングスティーヌ（手長海老）がまさに飛ぶように売れていく魚屋さんが一軒。半透明のイカもおいしそう！　ジーン・セバーグ風ブロンドの髪、笑顔が素敵なマダムが、お客さんとテキパキやり取り。まるで、１９６０年代映画のようで面白い。お馴染みさんも負けておらず、なんて豪快な買いっぷり……。この界隈、下町風に見えるわりにこんなブルジョア食いしん坊な人も多いよう。

お隣には、盛りっとメロン。緑のいちじくもこの頃よく見かけるようになった。大好物のPêche plate（平らな桃）も甘みが強くなってきた頃。真っ赤なネクタリンもおいしそう。

いくつかある近郊農家の直売スタンドのひとつをのぞくと、早朝、畑へ出て採ってきたという葉物が並び、どれもシャキシャキとみずみずしい。白いハンチングが似合う伊達男風のお兄さんの、イタリアの食材を扱うスタンドではハムを少し切ってもらい、バジルを練り込んだフレッシュな手打ちパスタを購入。


果物最盛期の夏がやってきた！　鮮やかなオレンジ、赤、ピンクを見ながら選んでいる人の顔も輝いて。

バゲット片手に「ハムを２枚！」と頼む人も。パン屋さんよりもずっとおいしいサンドイッチのできあがり。

ボタンの他に、毛糸やハギレ、懐かしい刺繍キットも。

このマルシェには食べ物だけではなくて、ちょっとお宝の匂いのするものもちらほら。箱にみっしり入った古いボタン。ジャック・ドゥミの映画の中でカトリーヌ・ドヌーヴが着ていたコートに付いていたような60年代風のものもある。手編みのレース、花柄の生地なんかも素敵。

ごった返す週末のマルシェとは違って、平日のマルシェはとってものどか。時間があればさらにその先まで足を伸ばして、ヴァンセンヌ公園の博物館のテラスでお茶はいかが。

マルシェのあとに、おいしい散歩道

La Réserve des Gourmets

ラ・レゼルブ・デ・グルメ

210, bis avenue Daumesnil 75012

食いしん坊のオーナーが“他店では扱っていないもの”というポリシーで集めた珍しい、目新しい品々。面白いフレーバーの塩やマスタード、果物の組み合わせが斬新なジュレやシロップを試して。

Le Café du Palais de la Porte Dorée

ル・カフェ・デュ・パレ・ド・ラ・ポルト・ドレ

293, avenue Daumesnil 75012

ヴァンセンヌの森、移民歴史博物館の緑に囲まれたテラスは、高い天井が爽快。館内の展示に興味があればさらに道草。マルシェで買ったものを持って、池のほとりでピクニックや散歩を愉しむのもいい。

Marché Monge et Rue Mouffetard

マルシェ・モンジュとムフタールの市場通り

Monge（モンジュ）広場のマルシェとMouffetard（ムフタール）の市場通り、この隣り合ったマルシェは、いつどんなときもカルチェラタンの人々の胃袋を支えてきたところ。治安が良く、のんびりとした雰囲気です。

この界隈に来たら、ふたつのマルシェでおいしいものをあれこれ買って、近くにあるJardin des Plantes（植物園）でランチタイムを過ごすのがお約束。今日はどこで寄り道をしようかなと想像するだけで気分が上がる。

モンジュ広場のマルシェのお目当ては、なんと言ってもパリ近郊エッソンヌの農家のスタンド。ポール・ロワイヤルのマルシェでも見かけるスタンドだけど、家族で作るここの野菜は、わざわざ遠くから買いに来るファンがいるほどの大人気。露地物だけなので、イル・ド・フランスの旬がよくわかります。寝坊をしてすっかり出遅れると、ほとんど売り切れ……残りは葉物だけということに！

果物の季節もいよいよ本格的に。びわ、アプリコット、桃、フランボワーズにさくらんぼ

Marché Monge
マルシェ・モンジュ
place Monge 75005
メトロ：Place Monge ⑦
営：水、金、日　7時〜14時30分

上／週末は、いつもここで！と行列の理由は庶民的なお値段。下／プロヴァンス地方からの夏野菜。

Rue Mouffetard
ムフタールの市場通り
rue Mouffetard 75005
メトロ：Censier Daubenton ⑦

……たっぷり使ってケーキやコンフィチュールを作るのもいいな。びっくりするような長蛇の列ができている八百屋さんは、いつも明るくて元気なアジア系のスタンド。早々とすいかが登場。北の街、アミアン近くの農場からは、アスパラガスといちごが届いています。

色鮮やかな夏野菜と果物が出揃ったスタンドは、まるで夏の到来を告げるパレットのよう。


モンジュ広場の角でひと際目立つサロン・ド・テ Maison des Trois Thés（メゾン・デ・トロワ・テ）。パリで中国茶といえば、この人！ マダム・ザングがセレクトした上質なお茶や自家製の飲茶、お菓子が自慢の店です。まずはここで寄り道して、ムフタールの市場通りが続く坂道へ。

イタリアンのデリでは、おいしそうなラザーニャ、カネロニなどを選んで温めてもらおう！ リモンチェッロのババにも魅かれるけど……。デザートはお昼時には行列ができているパン屋さん、Le Fournil de Mouffetard（ル・フルニル・ド・ムフタール）で夏らしくトロペジエンヌ（ブリオッシュにクリームをサンドしたもの）を。そうそう、焼きたてのパンを薄切りにしてもらい、Autour du Saumon（オートゥール・デュ・ソーモン）でサーモンを少し買って、タルティーヌにするのもいい。カラスミやアペロ用のディップも良いけれど、極上そうなスペインのツナの瓶詰めも気になるな。

パリ市内に数店の支店を持つ Le Repaire de Bacchus（ル・ルペール・ド・バッカス）のウインドウは、夏ならではのロゼ祭り。いいですね、〝La vie en Rosé〟なんて。冷えているものを

早々と“秋の実り”がシチリアから届いた。立派なぶどうを見ると、今年のワインもおいしい予感。

開けてもらいましょう！

ほかにも、近くには人気のパティスリー、Carl Marletti（カール・マルレッティ）や、ギリシャ料理で有名なMavrommatis（マヴロマティス）のデリ、素敵なパッケージの食材ばかりをセレクトした、エピスリー……。

寄り道候補は尽きないけれど、そろそろ植物園へ。どんなに暑い日でもここだけは、通り抜ける風が爽やか！特に大好きなのは、入口近くのバラ園と、反対側にある小さな牡丹の園。島根県から贈られた牡丹が大切に手入れされ、毎年大輪の花を咲かせている。美しい花々を眺めながら、ランチを隣のテーブル（空いていれば！）で楽しめれば、今日は運がいい。

上／落ち着いた調度品に囲まれて、極上の中国・台湾茶を堪能して。左／植物園の見事な大桜を毎年心待ちに。

L'Épicerie Mouffetard

レピスリー・ムフタール

139, rue Mouffetard 75005

“本物の味を伝える”というのがオーナーの信条。フランス各地の老舗、伝統を守り続けているメゾンのものだけを置く。おいしさはもちろん、女性らしいセレクトの美しいラベルの数々に心躍るよう。

Delizius

デリズュス

134, rue Mouffetard 75005

本場の味をフランスに紹介したいというオーナーが、イタリア全土から集めた食材はゴージャスな美食の国そのもの。昔ながらのレシピで作る、無添加のノエル用のパネトーネは、年中扱う人気の逸品。

Marché Belgrand

マルシェ・ベルグランド

たいていのマルシェは平日はのんびりしているけれど、ここはいつも元気な下町。20区のPorte de Bagnolet（ポルト・ド・バニョレ）駅から、Gambetta（ガンベッタ）広場に向かう街路樹沿いに連なるマルシェは、水曜日だって相変わらずの人出です。8月のバカンスシーズンも、庶民の暮らしは普段通りのよう。

落ち着いて買い物ができるのは、ほとんど車が通らなくなる、Hôpital Tenon（オピタル・トノン）前あたりから。目に飛び込んでくる、旬のピーマンが眩しい！ 濃い緑のピーマンにまじって、熟した生のNoisette（ノワゼット／ヘーゼルナッツ）や、走りのきのこ、ジロール茸にセップ茸もお目見え。もう、秋の実りですね！

ポルトガル産を揃えるエピスリーには、レモンやピーマンのコンフィー（塩漬け）。目を引いたのは鱈のサラダ。聞いてみると、水に浸けて塩出しした干し鱈と玉ねぎ、オリーブを、ヴィネガーとオリーブオイルでマリネしたポルトガルの家庭料理なんだそう。

La Crèmerie（ラ・クレームリー）という看板のチーズ屋さんに並ぶのは、放し飼いやビオで

夏野菜が盛りになると、最初に作るのは南仏風のラタトゥイユ。今日もいいのが揃っています。

Marché Belgrand
マルシェ・ベルグランド
rue Belgrand 75020
メトロ：Porte de Bagnolet/
Gambetta ③
営：水、土　7時～15時

育てた鶏の大小さまざまな卵たち。近頃よく見かけるようになった、水牛のモッツァレラ、Burrata（ブッラータ）もあります。中に濃厚な生クリームが閉じ込められていてトロトロ。手造りのこのチーズは、毎週空輸で南イタリアから。

お馴染みの八百屋さんは相変わらずの大行列。「8月の休みはなしなの？」と尋ねると「そうよ！　夏はおいしい野菜がいっぱいだもの。休まないで働くのよ！」とマダムの晴れやかな笑顔が返ってきた。

普段だと6軒出ている魚屋さん、この日は1軒だけだったけど、バカンス期でも鮮度が良く品揃えもいい。元気に立ち働くお兄さんたちの明るさに、

活気が溢れている。
Guyot（ギィヨ）という夏の梨も見かけます。旬は7月中旬から、とってもジューシーで甘く、繊細な味。
公園に面したスタンドは、主にオーベルニュ地方とジュラ地方の農場で手造りされた、チーズとソーセージを扱っている。Cantal（カンタル）やSt-Nectaire（サン・ネクテール）、そしてComté（コンテ）などが揃う。南米からバカンスに来ていると話す男性が熟成の進んだコンテを切ってもらっている。わたしは、値段も手ごろな、黒粒こしょうでコーティングされたオーベルニュ地方のソーセージを購入。
マルシェ横のAvenue Gambetta（ガ

チーズコーナーではバスクの修道院産、胡桃のリキュールで洗い熟成させるTrappe Echognacがお薦め。

フランス各地方にある、お国自慢のソーセージやチーズ。オーベルニュ地方は特に、食材の宝庫。

ンベッタ通り）は「グルメ・ストリート」と名付けたいほど、大人気のパティスリーSucré Cacao（シュクレ・カカオ）にサヴォア地方のチーズ屋さん、おいしいピザ屋さん＝Pinocchio（イル・ピノッキオ）などが並ぶ。かつてグルメガイド、ゴー＆ミヨーでパリ一に選ばれたブーランジュリーLa Gambette à Pain（ラ・ガンベット・ア・パン）では、「キャベツのおいしい時期にしか作らない」というブルターニュ産キャベツたっぷりのバゲットサンドやクロワッサン、エスカルゴを買わずにはいられない！

ガンベッタ駅まで歩けば、多くの著名人が眠る観光名所ペール・ラシェーズ墓地がすぐそば。でも、お墓はあの世へ行けばいつでもお散歩できるような気がするので、いまは〝墓よりだんご〟な気分でアヴニュー・ガンベッタでお買いものを続けることにしましょう。

マルシェのあとに、おいしい散歩道

L'Alpage
ラルパージュ
119, avenue Gambetta 75020

サヴォワ地方シャモニー出身の一家が営む。産地直送のチーズやシャルキュトリーが評判。サヴォワ名物、キャベツやほうれん草入りのソーセージや地元のパスタ Crozets（クロゼット）がおいしい。

La Campagne à Paris
ラ・カンパーニュ・ア・パリ
210, rue des Pyrénées 75020

昔、おばあちゃんの家にあったような駄菓子やボンボン、ジャムに紅茶、マスタードやリエットの缶詰。38 年前にお母さんが始めたエピスリーをいまは息子が受け継ぐ。“なんだか懐かしい” がここの魅力。

夏のレシピ①

夏野菜のラザーニャ

Lasagnes "veggie" d'été

フランスは初夏から夏の間は夜 10 時頃まで明るいので、冷えたロゼワインを飲みながら、部屋よりも外で食事をしたい気分になる。「お夕飯をそのまま持って来ちゃった！」という感じで、セーヌ河畔や公園でお皿を広げている家族をよく見かけるもの。このベジタリアン用のラザーニャは冷めてもおいしいので、器ごとピクニックに持って行くのもお薦めです。

材料 4人分

ズッキーニ…2本
にんじん…2本
じゃがいも…大きめ4個
ミニトマト…8個
乾燥大豆たんぱく―茹でて戻したもの（または、とうふ、カッテージチーズやモッツァレラ）…100g
オリーブオイル…大さじ2
パセリかセルフィーユ（みじん切り）…大さじ2

トマトソース
- 塩、こしょう…少々
- 完熟トマト（ざく切り）…6個（またはトマト缶）
- にんにく（みじん切り）…1片分
- 玉ねぎ（みじん切り）…1個分
- オリーブオイル…大さじ3

① トマトソースを作る。鍋ににんにく、オリーブオイルを入れて、弱火でにんにくの香りを出してから玉ねぎを加え、半透明になるまで炒め、次にトマトを加えて、中火〜弱火で 20〜30 分程煮る。塩こしょうで味を調える。
② ソースを煮ている間に、じゃがいもの皮を剥いてスライサーで薄切り（2mm くらいの厚さ）にして、塩（大さじ1、分量外）を入れたたっぷりのお湯で 3〜5 分ほど茹でて、ザルに引き揚げる（軽く火が通ったくらい）。
③ 同じくにんじんも縦方向にスライスして、同じお湯で3〜5分くらい茹でる。
④ ズッキーニも縦方向にスライス。
⑤ 耐熱皿に、じゃがいも、ソース、大豆、にんじん、ズッキーニ、塩、こしょうの順に重ねていき、これを 2 回繰り返す。
⑥ 最後の面はズッキーニとにんじんを交互に置き、ミニトマトをのせて、オリーブオイルを振りかける。
⑦ 200℃に温めておいたオーブンで、20〜30 分ほど焼く。
⑧ パセリ（セルフィーユ）など、ハーブの葉をちりばめて、熱いうちにいただく。

お好みで、大豆の代わりにベーコンや鶏のひき肉を炒めたもの、チーズなどを加えて。

夏のレシピ②

ズッキーニとトマトのファルシー

Courgettes et tomates farcies

トマトファルシーは、オーブン料理の定番。フランスではポピュラーなお惣菜です。夏野菜の盛りには、茄子や赤玉ねぎ、パプリカのファルシーも登場してテーブルがいっそう華やかに。パン粉はカリッ、にんにくは香ばしく、肉と野菜がぎっしり詰まっていておいしい。プロヴァンス産の冷えたロゼワインがぴったり！

材料　ズッキーニ、トマト約12ピース分

ズッキーニ…1本
ミニトマト…6個

ファルシーの詰め物
- ひき肉…80g
- ズッキーニをくり抜いた中身
- 玉ねぎ（みじん切り）…1/2個
- 卵…1/2個
- 片栗粉…小さじ1
- ドライトマト（みじん切り）…大さじ1

味付け
- しょうゆ…小さじ2
- 塩、こしょう…少々
- ハーブ（みじん切り）しそ、ミントなど
- ハーブ（乾燥品）…あれば、少々

トッピング
- パン粉…大さじ4
- ハーブみじん切り…大さじ1
- オリーブオイル…大さじ2
- にんにくすり下ろし…小さじ1
- 塩…小さじ1/2

飾り用
- ハーブなど
- ピーマン・エスプレット（赤唐辛子の粉）…少々
- ドライトマト（千切り）…少々

① ズッキーニを5、6等分の筒切り（できあがり3～4cm）にして、周りにナイフを入れて、ティースプーンでくり抜く（くり抜いた中身もみじん切りにして具にする）。
② トマトを（座りが良いように、ほんの少し）切り、さらに4分の1くらい上を横に切って中身をくり抜く。上の部分はフタにする。
③ くり抜いた中にファルシーの具を詰め、上にトッピングの材料を混ぜ合わせてのせ、180℃のオーブンで25～30分焼く。
④ 皿に盛って、トマトのフタを横に添える。ドライトマトの千切り、ハーブをのせてから、お好みで、ピーマン・エスプレットを散らす。

夏のレシピ③

サバのグリル シェリー・ヴィネガー風味のフレッシュ・トマトソース

Maquereau grillé,
sauce tomate fraîche au vinaigre de Xérès

このフレッシュなトマトソースは、"夏の万能ソース"。青魚だけでなく、白身魚や鶏肉を焼いたもの、茹で豚の薄切りなどにかけたり、茹でたてのパスタと和えたり……、とメニューのアイディアが広がるので、覚えておくと便利。

材料　4人分

サバ…4尾（中サイズ）
塩…少々
シェリー・ヴィネガー…大さじ1
片栗粉…大さじ3
完熟トマト…3個
赤玉ねぎ…1/4個
黒オリーブ…6個
ケッパー…大さじ2
ミントの葉…適宜
ルッコラ…適宜

A
レモン汁…小さじ1
シェリー・ヴィネガー…小さじ1/2
オリーブオイル…大さじ2
にんにく（すり下ろし）…少々

① 3枚に下ろしたサバを2、3等分に切り分けてから軽く塩を振り、ザルに置きラップをかけて冷蔵庫へ（余計な水分や臭みを取るため）。
② トマトをみじん切りにしてから小ザルに入れて、水分を切る（出てきた汁はいただきましょう）。
③ 赤玉ねぎ、黒オリーブ、ミントをみじん切りにしてボウルに入れ、さらにAの材料とケッパー、トマトを加えて混ぜ、冷蔵庫へ。
④ サバの水気をキッチンペーパーでふき取り、シェリー・ヴィネガーを刷毛で軽く塗る。片栗粉をまぶし、余計な粉を落として、オリーブオイルを入れ温めておいたフライパンで中火でカリッと焼く。
⑤ 皿にルッコラを敷いて、焼き上がったサバを並べ、トマトソースを上にのせてミントを飾る。

サッパリとさせたいのでミントを使っているけれど、パセリやバジルなどハーブはお好きなものを。オリーブとケッパーの塩気があるので、あえて塩は使わずに。シェリー・ヴィネガーは風味付けと魚の臭み消し。米酢やレモン汁を使ってもいい。

夏のレシピ④

さくらんぼの クラフティー

Clafoutis aux cerises

クラフティーはリムーザン地方発祥の、家庭で作る素朴な焼き菓子。フランスでは「子どものころに、おばあちゃんが作ってくれた」という人も多い。うちでは年中、旬の果物で作る。生地の中にリキュールやシロップ、チョコレートを加えたり、アーモンドの粉かスライスを入れたりして、生地のユニークなバリエーションを楽しむのもいい。

材料　20cm型1個分
（または、マフィン型6個分）

さくらんぼ…300〜400g
牛乳か豆乳…150cc
卵…2個
小麦粉…50g
砂糖（精製されていないもの）…50g
バニラエッセンス…少々
リキュール（キルシュなど）…少々

① オーブンを200℃に温めておく。
② 型にオーブンペーパーを敷いてから、さくらんぼを並べる。
③ ボウルに卵、砂糖、バニラエッセンス、リキュールを入れて、泡立て器でよく混ぜる。
④ 別ボウルにふるった小麦粉を入れ、真ん中に窪みを作って③を少しずつ注ぎながら混ぜ合わせる。さらに、牛乳を入れて混ぜる。
⑤ 型に注ぎ入れて、180℃に下げたオーブンで、20〜30分ほど焼く。

さくらんぼの種は残しておいた方が、果汁が流れ出ずにジューシーな仕上がりに。

automne

秋

秋風とともにやってくるのは豊かな実り。
旬を迎えた食材を前にすると食欲が湧いてきて、
あれこれ作りたいものが浮かんでくる。
ジビエ、脂がのってきた秋魚、きのこ、栗、
黄金色のプラムや熟れた甘い香りのぶどう。
どれも、自然が創り出すものは美しい……と、
感嘆しながら料理を作るのが楽しい。

G.E. Massenez
EAU-DE-VIE
Marc d'Alsace
Gewurztraminer
Vieille Réserve Personnelle
PRODUCT OF FRANCE
45% VOL
500 ML

Marché Saxe-Breteuil

マルシェ・サックス・ブルトゥイユ

エッフェル塔の見えるマルシェ、Saxe-Breteuil（サックス・ブルトゥイユ）は、数あるパリのマルシェの中でも好きなところ。Sèvres-Lecourbe（セーヴル・ルクーブ）駅を出るとすぐ目の前に広がる緑地帯から、アンヴァリッドも見えてくる。

自宅のあるマレ地区の、狭い道が入り組んだ中世の街並みとは違い、このあたりは静かで落ち着いた雰囲気。山の手ならではの治安の良さとブルジョア御用達食材のクオリティーの高さが良いところ。かと思えば、庶民的なスタンドもあって、バラエティ豊かなところが魅力です。

バカンスが明けて、お休みしていたスタンドも再開。日焼けした人たちで久々の賑わいを取り戻しています。パリ近郊から来た農家のおじさんは、お馴染みさんとバカンスの話で楽しそう。減農薬、露地物野菜が人気で、この季節ならやっぱり白いんげん。さやを開くと、ぷっくりツヤツヤで水分をたっぷり含んだ豆がみっちり。少し煮ただけでホクホク、甘い。

お肉屋さんにはColvert（コルヴェール／鴨）や山鳩……、いよいよジビエの季節の到来です。思わず、わっ〜！と声が出そう。待ちに待った、セップ茸がお目見え。日本で言うと、松茸

澄みきった青い空にエッフェル塔。眺めていると気持ちも爽快。買い物帰りの公園は絶好の散歩道。

Marché Saxe-Breteuil

マルシェ・サックス・ブルトゥイユ

avenue de Saxe 75007

メトロ：Sèvres-Lecourbe ⑥

営：木、土　7時〜14時30分

白いんげんは、この時期ならではの、ささやかな愉しみ。一度食べると忘れられない味と食感。

のように贅沢だけど、秋にはどうしても食べたいもの。おいしいダシがでるジロール茸もある！　こちらも少々お高いけれど、フランス産の小つぶなものを買うことにしよう（ポーランド、ロシア産は安価ですが……）。珍しいのは、舞茸に似たSparassis（ハナビラ茸）。パリにもエリンギが登場、そしてその隣にはSHIITAKE。

じゃがいも、きのこ、ハーブが専門のスタンドには、小ぶりな新じゃがの種類がたくさん。トマト専門のスタンドに出ていた、Saint Vincent（サン・ヴァンサン）という黄色いトマトも珍しい。

このスタンドを目当てに訪れる価値がある！と断言できるのが、ノルマンディ直送の貝を専門に扱うスタンド。オマールをはじめBulot（ビュロ／小さなツブ貝）、Coques（コック／小さなトリ貝）、そしてアサリも上等。マダムの旦那さまの漁師さんが朝獲ったばかりだから、鮮度抜群！　お値段も良心的で常連さんが多い。海が時化て漁に出られない日以外は、毎週土曜日開店。自家製のSoupe de poisson（スープ・ド・ポワソン／魚のスープ）もボトル入りで売られています。

初夏から晩秋までは、一年のうちで最も果物が豊富な季節。農業国フランス全土はもと

ジビエ料理の付け合わせには欠かせないきのこたち。

右／ミラベルと隣の小さな緑のプラム Raine Claude（レーヌ・クロード）は、アルザスの豊かな土壌が育んだ質の高いもの。

より、地続きのイタリアやスペイン、さらにはコルシカ島、シチリア島などからたくさんの果物が集まってくる。

お値段も質の高さもブルジョワ顧客御用達なのは、主にフランス国内産の果物を扱うスタンド。この界隈のマルシェならではですね。ミラベルという、黄金色をした甘みの強い小さなプラムの旬は、夏の終わりから秋の初め頃までの3週間ほど。食べ時を逃さぬように走りのころから楽しみたい。アルザス地方の特産で、リキュール、コンフィチュールやお菓子などにも加工される。フランス南西部の立派ないちじくは、中はジャムのように完熟。

買って帰ったのは、枝付きの見事なシチリア産マスカット。テーブルに並べて眺めていると、18世紀のフランス宮廷で王様の寵愛を受けていた画家、シャルダンの静物画を思い出しました。

マルシェのあとに、おいしい散歩道

Mori Yoshida

モリ・ヨシダ

65, avenue de Breteuil 75007

シェフの若々しいアレンジで生まれ変わるフランスの伝統菓子。センスの良さとジャパンクオリティーは、味にうるさいフランス人も一目置く。シックなパッケージのショコラやマカロンも素敵。

Quatrehomme

キャトルオム

62, rue de Sèvres 75007

星付きレストランや大統領の住まうエリゼ宮御用達。クオリティーの高さはプロたちのお墨付き。店内に常時並ぶ、およそ200種のチーズのほか、はちみつ、ワインなどチーズに合う食材が満載。

Marché Charonne

マルシェ・シャロンヌ

木の葉も色付いてきて、秋を迎えたパリ。今日はパリ11区のマルシェ、Charonne（シャロンヌ）へ。Alexandre Dumas（アレクサンドル・デュマ）駅を出ると、左右にスタンドが広がっている。

フランス南西部の大きな栗が出てきた。秋の合図ですね。きのこ屋さんで目を引いたのは、スペイン産のトリュフ。

うん！　なかなか良い感じの魚屋さん。南仏からのイワシがピカピカで鮮度抜群！　これは買いですね！　秋になると無性に食べたくなる、梅山椒煮を作ろう。Vernis（ヴェルニ）という二枚貝もおいしそう。さっと霜降りにして、甘みを増してきたネギと一緒に、ヌタなんていいかも。

旬の始まったアンコウの肝も見つけました。これは、素通りはできませんよ。大きな一切れを買ってゴキゲン！　もう、頭の中はアンキモ・ポン酢の仕込みのことでいっぱいに……。

ブルターニュからの牡蠣屋さんは〝ウニ祭り〟。山のように積まれていたのが、あっという間に売れていった。そっとウニに触ってみると、詰まってる詰まってる！　ずっしりと重い。

栗のおいしい時期、秋からノエルにかけて出てくる甘栗の瓶詰めやコンフィチュールも楽しみ。

Marché Charonne
マルシェ・シャロンヌ
bd. de Charonne 75011
メトロ：Alexandre Dumas ②
営：水、土　7時〜14時30分

りんごや梨、じゃがいもと同じく、南半球から来るパイナップルやマンゴーはこれからが旬。

Butternut Kg 3,80 FRANCE 172
Radis Noir Pièce 2,50 FRANCE 12
Pdt Spunta
Panais Kg 3,50 116
Ordinaire Kg 1,20€
Navets vrac Kg 2,10 FRANCE 61
Rutabagas Kg 2,95 FR 53
Carottes 1,95 FRANCE 16
Kg 3,50 FR 161
Pdt Charlotte Kg 1,20€ 22
Pdt grenaille Kg 2,20€ FRANCE
Pdt Rosabelle Kg 1,20€ FRANCE 23
Pdt Ratte Kg 2,50€ FRANCE 123

パリはブルターニュやノルマンディの港で水揚げされる新鮮な青魚、イワシやサバが集まってくる。

これは、ウニのパスタにしようかな。

この季節、実り豊かな食材を見ていると、すぐに食欲に直結。作りたい料理が次から次に浮かんできます。

ビオのスタンドには、かぼちゃの種類も多くなってきた。種類の多さといえば、梨も負けていないよう。7種がパレットのように並び、中にはウイリアム種（洋梨）に赤いものも。あまりにもおいしそうなので、一通り買ってみることに。初物は、コルシカからのみかん。ああ、これから冬になっていくのね……と、ちょっぴりしんみりしたり。


マルシェを出て、Rue de Bagnolet（バニョレ通り）を歩いて下町散歩。進んで行くと、コーヒーの良い香りが漂ってきた。お店をのぞくと、世界中の豆に囲まれて焙煎機が音を立てて回っている。近所の人、遠方からわざわざ買いに来る人、ひっきりなしに現れる客たちと店主とのコーヒー談義にそっと聞き耳を立ててみる。

設えが目に留まって、つい、足を踏み入れたのはワインカーヴ。ある！　ある！　わたしの好きなナチュラルワインがみっしりで、ワクワク。「元々、さびれた洋品店だったところを全部壊したら奥から出て来たのよ！」と店主が指さすレンガの壁や床のタイルと、オーダー・メードの鉄のインテリア、古さとモダンの取り合わせが素敵です。

また歩いて道を曲がると、何やら心惹かれるメタルのアトリエ、Atelier Gidwin（アトリエ・

懐かしいお菓子シシやボルドー名物 Canelés カヌレも。お土産用なら、赤い筒のパッケージに入れて。

ギドウィン）が。作業中のオーナーと話をしてみたら、先のワインカーヴの内装はここが手掛けたのだそう。そして、レストランガイドなどで話題のカーヴVivant（ヴィヴァン）のデコレーションもこのアトリエが手掛けたと聞き、なるほど！と、一本の線で繋がった。作品は、とにかくかっこいい。先端を走る人たちのコラボの妙です。

日本が木の文化＝法隆寺五重塔なら、フランスは、エッフェル塔やギマール建築の鉄の文化。今様に形を変えて、こういうものが綿々と続いているのがいいなあ。

偶然、見つけたこの3人の店主たちは、近所のお仲間同士。それぞれ、エキスパートとしての職人気質を感じます。パリにはさまざまな分野に職人がいて、日々の暮らしはそんな玄人仕事を愛する人たちに支えられている。この界隈は、そんなパリの歴史が生きている小さな村のよう。

マルシェのあとに、おいしい散歩道

L'Escargot d'Or

レスカルゴ・ドール

53, rue de Bagnolet 75020

マルシェ・シャロンヌとポパンクールにも出店。その場で豆を挽きコーヒーを淹れてくれるので、味見してから選ぶのもいい。南米の豆の産地に住んでいた店主の話を聞きながら、世界中を旅している気分。

Au Bon Vingt

オー・ボン・ヴァン

52, rue de Bagnolet 75020

オーナーがコレクションする美しいエチケット（ボトルのラベル）を眺めながら一杯。夕方からは、アペロを楽しめるワインバーに。月に一度、シェフを招き、タパスとワインのデギュスタシオン（試食・試飲会）を開催。

Marché Auguste-Blanqui

マルシェ・オーギュスト・ブランキ

八方に通りが広がるPlace d'Italie（イタリー広場）からAvenue de Choisy（アヴニュー・ド・ショワジー）を南に行くと、そこはパリで一番大きな中華街。中華とベトナム料理のレストランが立ち並び、さまざまなアジアの食材が手に入る。反対の北のBoulevard de l'Hôpital（ブルバード・ド・ロピタル）へ歩けば、大好きな手作り水餃子の店もある。

そして、広場からCorvisart（コルヴィザール）駅まで長々と連なるのがMarché Auguste-Blanqui（マルシェ・オーギュスト・ブランキ）。日曜にはかなり大きな規模になり、見応えがあります。

では、マルシェにまいりましょう。

長蛇の列ができているスタンドには、焼き豚あり、できたてのパエリアあり、煮込みあり……思わず喉が鳴ってしまいそう。お店の人たちは愛嬌を振りまきながら、気前よく味見させてくれるので、なるほど繁盛するわけです。ランチはこういう店で買って、秋空の下で楽しめれば最高。

少し歩くと、またお肉屋さん。熱々の湯気を立てているアルザス名物のシュークルートには、

Radis pastèque（ラディ・パステック／すいか大根）。
華やかなピンクはシェフ達のお気に入り。

Marché Auguste-Blanqui
マルシェ・オーギュスト・ブランキ
bd. Auguste-Blanqui 75013
メトロ：Place d'Italie ⑤⑥⑦／
Corvisart ⑥
営：火、金、日　7時〜14時

上／洗練されたアペロを作りたくなる黒大根。下／
Label Rouge（高品質）と認定されたサーモン。

スーパー・フード、ケールもフランスに登場。

柔らかく煮込んだ豚肉や腸詰め、ソーセージなどを切って入れてもらおう。そろそろ、温かいものが恋しい。さっと塩漬けにしてある豚肉を買って、野菜、水と一緒に鍋に放り込んで、あとはコトコト煮るだけでポトフにするのもいいな。

寒さが増して、滋味豊かになってくるのは根菜。紅芯大根は色鮮やかで美しいし、黒大根もみずみずしい。春の蕪は、秋もまたいい。チョロギにトピナンブールも並ぶ。

芋とかぼちゃの専門店のプレートには〝Hokkaido〟の文字が！「ここは、わたしの生まれた場所なのよ！」そう話しかけると、お店の人もビックリ。もちろん、Hokkaido（栗かぼちゃ）をド〜ンと購入。

いかにも「秋味《あきあじ》」（北海道では鮭のこと）と呼びたい立派な鮭はスコットランド産。

どのスタンドもきのこ、きのこ、きのこ。いまが真っ盛り。

すっかりフランスに定着した柿も人気です。この頃、ビオの店でよく見かけるようになったのはケール。たまに買っては、「まずーい！」のセリフを思い出しながら、家でも青汁を作る。

秋色がきれいなスペインの茄子。長いのは柔らか、丸は身がしっかりしているので、個性にあわせて料理。

最後まで歩くと、お楽しみが待っている！　焼きたてが香ばしいビオのパン屋さん。ここでパンを買うのを忘れずに！

パリで住みたいところは、数々あれど……、実はこの界隈もそのひとつ。

イタリー広場側からマルシェを進み、左手にある5つのダイヤモンドという名の Rue des Cinq Diamants（サンク・ディアマン通り）を上って行くと〝Butte-aux-Cailles〟（ビュット・オー・カイユ）という界隈になる。車はほとんど通らず、パリとは思えないような静けさ。有名な養蜂家のはちみつ屋さんもこのあたりなので、のぞいてみることに。田舎風で情緒ある坂道、街燈や蔦の絡まる古い門の風情、子猫が遊んでいる庭……この街に魅了されたウジェーヌ・アジェが撮った、写真の風景がいまも残っています。

マルシェのあとに、おいしい散歩道

Les Abeilles

レ・ザベイユ

21, rue de la Butte aux Cailles 75013

世界中から集められた約50種類の花や樹木のはちみつ。他には、はちみつ入りのヴィネガー、石鹸、キャンドル、家具用オイルやワックスなど。人とペットにも安全なものは、お土産にも喜ばれそう。

L'Essentiel

レッセンシャル

73, bd. Auguste-Blanqui 75013

行列が絶えない人気のビオパン屋。若い店主はビオパン・コンクールで優勝を果たした実力者。ナッツを入れた香ばしさ、スペルト小麦の力強いパン、どれも噛むとおいしさがしみじみと広がっていく。

Marché Président Wilson

マルシェ・プレジダン・ウィルソン

パリの星付きレストラン御用達農家として有名なJoël Thiébault（ジョエル・ティエボー）さんのスタンドはここのマルシェに立つ。ピエール・ガニェールやパスカル・バルボをはじめとするスターシェフのお気に入りとして知られているけれど、最近よく見かけるのは、パリで話題のレストランを牽引している日仏若手シェフたちの姿。野菜を選びながら、いつもジョエルさんと情報交換をしています。

ジョエルさんは、パリから南西8㎞ほどの郊外、Yvelines（イヴリーヌ）で、世界中から集めた種を試しながら1800種類ほどの野菜を育てているそうで、数年前からは日本の野菜MIZUNA、SHUNGIKUなどが人気急上昇。天然の堆肥や腐葉土で作られた豊かな土壌で育った泥のついたままの野菜、特にハーブや根菜などは香りが強い。春なら葉酸たっぷり系の、キャベツ、ブロッコリー、小松菜、菜の花などの若い芽。いまの時期なら、ネギや日本の大根、香りの強い根付きのパセリがいい。〝季節の先取り〟をいただくと元気が湧いてくる。

Marché Président Wilson
マルシェ・プレジダン・ウィルソン
avenue du Président Wilson 75016
メトロ：Iéna ／ Alma Marceau ⑨
営：水、土　7時〜14時

季節のフルーツタルトやフランは近所の常連さま御用達。朝食代わりに、頬張りながら買い物する人も。

鮮やかな黄色やピンクが、ひときわ目を引く見事な蕪。
有機野菜は葉っぱまで、ご馳走。

マルシェの両側には優美なアパルトマンが続く。

そろそろ、夏野菜は最後。形、大きさがさまざまなズッキーニ。小さなものはサッと揚げると中がほくほく。茄子はかなり皮が硬くなってくるので、煮ものかやっぱり揚げ物に。青いトマトはお漬物風にマリネかコンフィチュールにしましょう。

プレジダン・ウィルソンの食材のレベルの高さと品揃えは、〝パリのマルシェの中で一番〟と言えそう。平日よりもスタンドの数が多くなる土曜日は、地元客、プロの料理人、観光客が入り混じってごった返すので、早めの時間に足を運ぶのがお薦め。

旬は、かぼちゃにきのこにジビエ……。かぼちゃは日本から持ち込まれた種で作ったものなど、種類が豊富。

セップ茸、モリーユ茸、ジロール茸、栽培もののSHIITAKE。フランスをはじめヨーロッ

ジョエルさんのスタッフは野菜のエキスパート。おいしい食べ方や保存のしかたを丁寧に説明してくれる。

活きた車エビが勢いよく跳ねている。

パの森からやってきたきのこたちも、存分に堪能しておきたい。ジビエは、これからが最盛期。キジの奥には毛皮付きのうさぎがゴロゴロと……合掌。

ドーバー海峡から水揚げされたLotte（アンコウ）にCarrelet（カレイ）、活きた車エビと目が合ったら、もう買わずにはいられませんよ〜〜!!

買い物のあとは、クレープを買ってガリエラ宮パリ市立モード美術館の美しい庭で一息。もしくは、反対側のセーヌ河沿いにあるパリ市立近代美術館のテラスでエッフェル塔を眺めながらのお茶もいい。

深まりゆく秋にぴったりの芸術を感じつつ、家路につきながら見た千両、万両の仲間の赤い実。

「ああ、もうノエル、そしてお正月！」と、一年が早いことをしみじみと感じてしまいます。

マルシェのあとに、おいしい散歩道

Musée d'Art Moderne de la Ville de Paris

パリ市立近代美術館

11 avenue du Président Wilson 75016

セーヌ河越しにエッフェル塔を真近に望むスポット。午前中はいつも静かなので、マルシェの雑踏から解放されて、しばしゆったりとお茶を。建物横、シャイヨ宮側の階段は、パリらしい風情ある小路。

Marché Popincourt

マルシェ・ポパンクール

ここは、わたしの行きつけのマルシェ。

パリに来てから二度、引っ越しをしたけれど、いつも買い物カートを引きながら歩いて行ける距離に住んでいる。Richard-Lenoir（リシャール・ルノワール）という名の公園通りに位置しているので、近所のおばちゃんたちが井戸端会議をしょっちゅう開催。買い物しながら、元気におしゃべりする姿が楽しそう。火曜と金曜に立つ市だから、週末に開かれるマルシェのような混雑や行列もなく、じっくり選べるのが良いところ。

放し飼いの養鶏場直営店やマグロの腹、サバ、イワシなどの鮮度のいい青魚が手に入る魚屋さん。そしてなにより八百屋さんも多く、ひと通りのものが揃います。

なかでも気に入っているのは、レプブリック側にある、角の八百屋さん。回転が速いせいかいつも新鮮なので、見た目が大事な撮影やデモンストレーションの仕事の日には早起きして、このスタンドに直行する。

それから、東北ピカルディー地方の果樹園から来たスタンド。働いている人たちは、穏やか

マルシェの後は、カナル・サンマルタンへ。カフェSésameで運河を眺めながら寛ぎのひと時を。

Marché Popincourt
マルシェ・ポパンクール
bd. Richard-Lenoir 75011
メトロ：Oberkampf ⑤⑨
営：火、金　8時～14時

な感じでとても親切……ああ、やっぱりいいなあ東北の人、といつも思う。秋なら、ここのスペシャリテ、りんごに梨、じゃがいも。ほかには大きなカリンや胡桃、アンディーブも買いたい。搾りたてを瓶詰めしたピュアなりんごジュースもお薦め。

このマルシェにも、お気に入りのエッソンヌから来たスタンドが。威勢のいい2人のおばちゃんたちが作る野菜に、やっぱりファンが多いよう。つねに露地物だけを扱っていて、夏のトマトなんか、ハウスものの画一的なものとは違いとても懐かしい味がした。晩秋から冬になると根菜中心だから店頭はいたって地味、だけどそういうところが信用できる気がする。

ユニークなところでは、一年中バラだけを扱っているちょっとイイ男、シャイなお兄さんのスタンドに、ハンバーガー・ブームのせいか、最近よくグルメ雑誌に登場するトラックのキッチン。お昼頃はいつも大行列だ。ドライフルーツ、ナッツ、スパイス……まるで乾物のデパートといった様子のスタンドもある。

さてさて、旬の物はというと……胡桃に大粒の栗！　ノワゼットは、フランス西部の産地 Guitinières（ギティニエール）のもの。芋、玉ねぎの種類も増えてきて、珍しいところでは Oeuil de Sologne（アイユ・ド・ソローニュ）という小芋。元気を出したいときに食べたいビーツにカリフラワー、キャベツ、蕪もおいしくなってきた。黒いきのこ Trompette des maures（トロンペット・デ・モー）を見つけて、「ああ、もうじき冬だなあ」と思う。

馴染みの店には海外から来た珍しいものが並んでいることも。鮮度抜群で驚くほど伸びやかな野菜を見つけると思わず歓声が。

下／モロッコ産 Verveine（ヴェルヴェンヌ）のお茶は、
疲れた体に効果的。お土産にも喜ばれる。

そして、どのスタンドも黄色にグリーン、オレンジが鮮やかな〝柑橘祭り〟。コルシカ島やシチリア島など、地中海の島々のものが盛りだくさん。小ぶりのグレープフルーツ、ネーブル、オレンジ、みかん、レモンは、どれも皮ごと使いたいので無農薬のものを選んで、甘酸っぱいケーキを作ろうかな。

このマルシェ通りに交差するOberkampf（オベルカンフ）通りを、北東のMénilmontant（メニルモンタン）方向に上っていくと、シチリアのパスタやトリュフ塩がお薦めのIdea Vino（イデア・ヴィーノ）。マルシェを挟んで反対側、レプブリック広場側にある、スパイスやヴィネガー、はちみつなど上質のものが揃うエピスリーLe Petit Bleu（ル・プチ・ブルー）やボローニャのブティック&カフェBorgo delle Tovaglie（ボルゴ・デッレ・トヴァーリ）に立ち寄ることもしばしば。

マルシェのあとに、おいしい散歩道

Du Pain et des Idées

デュ・パン・エ・デジデ

34, rue Yves Toudic 75010

看板商品のパン・デ・ザミ、もっちり生地と具のアソートがいいプチ・パヴェ、果物が旬ごとに入れ替わる、アーモンド粉が香ばしいタルト。世界中から“うまい”を求めて来た人が今日も行列をつくる。

Sicile & Co

シシル・エ・コー

46/48, rue Oberkampf 75011

お薦めはできたてのアランチーニ。庶民的なおかずもあれば、質の良いオイルや年代物バルサミコ酢まで揃い、お値段も良心的。レモンのパスタやアペロに重宝なイカ墨ペーストがお気に入り。

秋のレシピ①

にんじんのグリルとぶどうのマリネ

Carottes grillées marinées aux raisins et épices

冷蔵庫で数日保存可能で、マリネ液が浸みた頃がまたおいしい。小さく切ってアペリティフに、あるいは生野菜のサラダの上にのせても。茹でたキヌアやレンズ豆などのシリアルを混ぜて、ボリュームあるランチにもどうぞ。

材料　4～6人分

にんじん…500g
ぶどう…1房
レーズン…30g
ナッツ（胡桃、アーモンド、ヘーゼルナッツなど）…40g
ハーブ（ミント、コリアンダーなど）…適宜

マリネ液
- 胡桃オイル（またはオリーブオイル）…大さじ3
- シェリー・ヴィネガー（または米酢）…大さじ1
- りんごジュース（またははちみつ）…大さじ2
- しょうゆ…大さじ1
- シナモン、ナツメグのパウダー…各少々
- タイム（シード状のもの）…適宜

① にんじんの皮を剥く（無農薬のものは皮付きのまま）。太さにより半分または4分の1に、縦方向に切り分ける。ぶどうを半分に切る（粒が小さければそのまま）。
② 天板ににんじんを並べ、オイル（分量外）を少しふりかけて、温めておいたオーブン（180℃）で20～30分ほど、様子を見ながら焼く。あるいは、フライパンにオイルを少し入れて、最初は強火で炒め、あとは弱火で蓋をして15分ほど蒸し焼きに。
③ 焼いている間にナッツを適当な大きさに砕いてから（ビニール袋に入れて、瓶などで軽く叩く）、フライパンで強火で1～2分で炒る。
④ 大きめのボウルに、マリネ液の材料とレーズンを入れて混ぜる。
⑤ 焼き上がったにんじんを④のボウルに入れ、ぶどうも加えて混ぜる。
⑥ 皿に盛ってから、ナッツとハーブを散らす。

秋のレシピ②

根野菜のタルト

Tarte fine aux légumes racines

いよいよ、大地の養分をたっぷり吸った根菜の出番。秋は、夏疲れした体が欲しがるもの、栄養を蓄えた根菜を摂って冬に備えたい。あまり火を入れずに、なるべく野菜の素の味、歯触りを感じられるものが好き。秋の木の葉のような色合いの野菜と、サクサクとした焼きたてのパイ生地がたまらない。

材料　15cm × 25cm のタルト1枚分

パイシート（冷蔵か冷凍の既製品）
…1枚
溶き卵…少々
ケシの実…少々
玉ねぎのコンフィー
- 玉ねぎ…中2個
- オリーブオイル…少々
- 塩、こしょう…少々
- 水…大さじ3

根菜いろいろ…適量
マルドンの塩（イギリス産、結晶状のもの）
…少々

① 玉ねぎのコンフィーは、玉ねぎをスライスし、フライパンにオリーブオイル少々を入れて、強火で炒める。水を入れ蓋をして、弱火でしんなりするまで蒸し焼き。柔らかくなったら、蓋を取って強火にして水分を飛ばす。塩・こしょうで味を調えて、冷ましておく。
② 根菜をスライサーで、2mm くらいの薄切りに。フライパンにオリーブオイルを入れて1〜2分、軽く炒めてから皿に取り置いて冷ます。
③ パイシートを幅 15cm、長さ 25cm くらいに切る（お好みで）。端から 1cm くらい残して内側全体に①の玉ねぎをのせる。パイシートの端に溶き卵を刷毛で塗り、ケシの実を散らす。200℃くらいのオーブン（またはオーブントースター）で、20〜30分焼く（パイシートの端が色づいてきたら、OK）。
④ ②の根菜を並べて、マルドンの塩を振る。

秋のレシピ③

アサリと
ジロール茸のソテー

Palourdes et girolles sautées au saké

きのこは、生よりも数時間〜半日でもザルの上に広げて干してから使うとより旨みがでる。貝はすでに塩分を含んでいることが多いので、開いてから塩加減をみる。パスタを加えると、アサリとジロール茸から出る滋味豊かなブイヨンが絡んでさらにおいしい一皿に。

材料 4人分

アサリ（砂を吐かせたもの）…800g
ジロール茸（しめじ、しいたけでも）
…100g
白いんげん…120g
カリフラワー…1/2個
紫玉ねぎ…少々
にんじん…1本
わけぎ、または細ねぎ…200g
にんにく（みじん切り）…1片
パセリかコリアンダー（みじん切り）
…適宜
オリーブオイル…大さじ2
酒（白ワインでも）…大さじ4
塩…少々

① 白いんげんを茹でておく。カリフラワーはスライサーで2〜3mmに薄切り。わけぎは5cmくらいに切り（なければ、細ねぎなど）、紫玉ねぎはスライサーで薄切りにして水にさらしておく。にんじんはピーラーを使って、長細くスライス。
② フライパンにオリーブオイルを少し入れて、ねぎを軽く炒めて皿に並べる。カリフラワーも同じようにして皿に。
③ フライパンにオリーブオイル、にんにくを入れて弱火に。香りが出たら強火にして、アサリ、ジロール茸、白いんげんを入れ、酒を振り入れてから蓋をする。
④ 貝が開いたらパセリを入れて混ぜる。アサリをひとつ味見。塩気が足りなければ加えてから皿に盛り、紫玉ねぎを散らす。

秋のレシピ④

秋の
フルーツコンポート

Fruits d'automne au sirop de Gewurztraminer

秋の恵みの果実たちは、色や形も美しくてフォトジェニック。お気に入りの瓶にシロップ漬けや果実酒を作って、キッチンに並べれば眺めるだけで楽しい。このコンポートは、フォアグラや肉料理の付け合わせにもぴったり。果物は、ポルト酒やマデラ酒を振ってソテーしてもよい香り。

材料　6人分

ぶどう…1、2房
いちじく…6個
プラム…6〜10個
レモン…1個

シロップ
- 水…3カップ
- 砂糖…1/2〜1カップ（お好みで）
- リキュール（アルザスのゲヴュルツトラミネール）…大さじ2
- シナモン・スティック…1本
- 八角…1、2個
- カルダモン…5粒

① 果物を洗い、いちじく、プラムを食べやすい大きさに切り分ける。レモンは薄切りに。
② 鍋に水、砂糖、スパイスを入れて沸騰させ、火を止めてからリキュールを加える。
③ 容器に果物を入れてから熱いうちに②を注ぎ、室温に置いて冷ます。
④ 粗熱がとれたら冷蔵庫に入れ、冷やしてからいただく。

刻んだミントを入れるといっそう爽やかに。リキュールの香りが果物のおいしさをさらに引き立てる。あえて煮ずに、スパイスの効いたシロップが浸み込んだ果実を味わって。

hiver

冬

冬に入り酒屋の店先で毎年の新酒が振る舞われると、
寒さがいっそう厳しくなってくる。
年の瀬のマルシェは、ノエルと大晦日を祝う準備で
大賑わい。華やかさと活気が満ちてくる。
年に一度の贅沢、フォアグラ、キャビア、牡蠣、
七面鳥が揃って、パリの食卓は最高潮の豊かさ。

Marché Edgar Quinet

マルシェ・エドガー・キネ

メトロ Vavin（ヴァヴァン）駅を出て、老舗カフェ Le Dôme（ル・ドーム）の裏、Rue Delambre（ドランブル通り）から、マルシェのある Edgar Quinet（エドガー・キネ）駅まで続く商店街には、肉屋さんや魚屋さんから、チーズ屋さんにワインカーヴ、イタリアンデリ、スーパーに小さな映画館や素敵な花屋さんまで……。

モンパルナス・タワーにカメラを向けていると、肩をトントン。「そんなのより、こっちを撮らなきゃ！　これぞ本当のパリ、モンパルナスよ！」と話しかけてきたのは、メトロ入口でナイフや雑貨のスタンドを構えるダニエルさん。指差す方を見ると、キュビスム風の壁画。「ここはピカソ、モディリアーニ……多くの芸術家が住んだところ。だから、いまでも画材屋が多いのよ」……なるほどね。

マルシェに着いたら、まず行列ができている店をのぞいてみる。どんなに長くても、寒くても辛抱強く待つには、必ず理由がある。主人のこだわり、値段……、「やっぱり、ここのがいいんだよ！」という、並んでいる人の率直な気持ち。そんな風に並び甲斐のある店がここには

タワーは、この街のランドマーク。隣にはモンパルナス墓地。ときおり開かれる骨董市も大賑わい。

Marché Edgar Quinet
マルシェ・エドガー・キネ
boulevard Edgar Quinet 75014
メトロ：Edgar Quinet ⑥
営：水、土　8時〜14時

たくさんある。

もうひとつ、マルシェで上手にお買い物をするための貴重な情報源はマルシェの常連である、ご近所の友人。

その友人が十数年来のご贔屓という、パリ近郊農家フランソワさんのスタンドを訪ねてみた。珍しい野菜や日本の大根、シソなど気の利いたものが多い。食べ方を聞けば、フランソワさんがひとつひとつ丁寧に教えながら食べ頃を選んでくれる、親切で信頼できる八百屋さんだ。

別の八百屋さんで初めて見たのは、球根のような白い根野菜、Capucine Tubéreuse（カプシーヌ・チュベリス）。かじってみると、わさびのようにピリッとくる。Crosnes（クローヌ）

は、おせちの黒豆に添えるチョロギです!! 2年くらい前からたまに見かけるようになり、こちらでは茹でてマリネやサラダ、煮ものにする。

同じ友人が教えてくれたジビエのスタンドには、羽根のきれいな鴨、七面鳥に、うさぎが吊るされている。帽子を被った素敵な店主は、野鳥をさばく手つきも鮮やか。下処理された鴨が、どんどん売れて行きます。

お馴染みさんたちと和気あいあいの魚屋さんは、ノルマンディから来た若い2人のお兄さんたちが地元の漁師から直接買い付けてくる。びっくりするような大きなヒラメ、蟹やオマール、ウニはどれも活きている! 今日は、注文の入った大量の牡蠣剥きに大わら

ジビエの旬は、野鳥や獣が冬に備えて栄養を蓄えた秋から1月末。狩猟後は、吊るして独特の熟成を待つ。

左／手前が南仏産 Lactaire Délicieux（ベニタケ）。奥がピエ・ド・ムートン。右／牡蠣はノエルと新年にいただくご馳走。

わの2人です。

ブルターニュの牡蠣のスタンドも大繁盛。「本当においしいのよ！」と言って、殻を開いて見せてくれました。

すべてフランス国内産のきのこを扱う、〝きのこ専門店〟。中央部の森やヴォルビックの水で有名なドーム山で、店主の友人であるきのこ狩りのプロたちが採ってくるのだそう。

〝死のトランペット〟とも呼ばれる黒きのことChanterelles（シャントレル／アンズ茸）は、ナッツのような香りと歯ごたえが特徴。〝羊の足〟という名のピエ・ド・ムートンは、濃厚なダシが取れるので大好き。セップ茸と入れ替わりに晩秋から初冬に出てくるものなので、これを見つけると冬の足音が聞こえてきます。

そう、もう年末です。ノエルのモミの木も出てきました。

マルシェのあとに、おいしい散歩道

Georges François

ジョルジュ・フランソワ

36-38, rue Delambre 75014

フローリスト界の重鎮ジョルジュさんのロマンティックな世界が広がる。滞在先に飾るミニブーケをオーダーしてみては？　花のほかに、キャンドル、紅茶やコンフィチュールなど、素敵なお土産も見つかりそう。

Crêperie du Manoir Breton

クレープリー・デュ・マノワール・ブルトン

18, rue d'Odessa 75014

モンパルナスのクレープ横丁の中、ここはカンティーヌ（食堂）のように、気取らず賑やか。デザートには、りんごのコンポートを名物カルヴァドスでフランベしたものを注文したい。

Marché Biologique des Batignolles

マルシェ・ビオロジーク・デ・バティニョール

メトロ Rome 駅を出ると、遠くに白くそびえ立つサクレクール寺院。このあたりは〝若々しく生まれ変わった17区の街〟とでも呼びたいほど、〝ボボの波〟によって、あっという間に様変わり。ブティックに雑貨やインテリアの店、カフェやビストロにサロン・ド・テ、気の利いたエピスリー、ワインカーヴなどがどんどん増えている。街並みは落ち着いていてこぢんまりとしているけれど、ショッピングやブランチをするなら、気取ったサンジェルマンよりもこちらの方がお薦めだ。

サクレクール寺院を目がけて遊歩道を歩いて行くと、ビオマルシェが広がる。健康ブームのせいか、スタンドも年々増えている。どのマルシェでも同じだけど、まず売っている人をじっと観察。なるべく感じの良い波動を出しているところで買うことにする。安全でおいしいものを作ろう！という〝志〟や〝情熱〟を持っている生産者に出会えたらラッキー！　その日はとってもいい気分。

Marché Biologique des Batignolles
マルシェ・ビオロジーク・デ・バティニョール
36, bd. des Batignolles 75017
メトロ：Rome ②
営：土　9時〜15時

Rome駅から並木沿いに連なるスタンドは、年々増えていく買い物客で賑わう。朝から活気ある土曜。

上／和野菜の効能やおいしさがわかる人が増えてきた。右／毎年、金柑で作るのははちみつ漬けや味醂を入れて作るソルベ。

「勝手にやってちょうだい」方式のスタンドがありました。欲しいものを好きなだけ袋に詰めてレジへ持っていくスタイルで大盛況。主に近郊の農家で作られたものを中心にセレクトされた冬野菜がいっぱい！　中国のキャベツ、Chou chinois（シュー・シノワ）という名前でお目見えしているのは白菜。サルシフィは、れんこんとヤーコンを合わせたようなサクサクした食感で甘みがある。南仏から来た金柑に、Navet jaune（黄色い蕪）、Navet d'or（金色の蕪）と呼ばれるクリーム色の蕪たち。名残のビーツに芽キャベツ、Blette（フダンソウ）、黒大根も。

かぼちゃは種類がいろいろ。日本でもお馴染みのかぼちゃは、Potiron doux vert d'Hokkaido（ポティオン・ドゥー・ヴェール・ドッカイド）いう名前で登場。オレンジ色の皮が美しいのはPotimarron（ポティマロン）、シマシマのものはPatidou（パティドゥー）。大型のかぼちゃCitrouille（シトルイユ）は切り分けて売られている。黄色くて細長いのは、最近、日本でも人気のそうめんかぼちゃ、Spaghetti（スパゲティ）。

このスタンドで見つけたかぼちゃ、蕪、金柑を使って簡単な煮物を作ろうかな。かぼちゃに含まれるカロチンは目の疲れを癒すし、ビタミンEは肩こりや頭痛、冷え症にも効果がある。また、お腹を温め、体力を増強する働きもあるそう。ホクホクの温かい物は、寒さで硬くなった体をほぐしてくれるはず。冬においしいもの＝体に必要なもの、自然に寄りそえば大切なことが自ずとわかってくる。これは、「食」の仕事を通して実感したこと。

新しいものや昔の品種が揃ったかぼちゃは、その味や
特徴に合わせてレシピを考えるのが楽しい。

マルシェを出ておいしいコーヒーで一息ついたら、もうひとつのMarché couvert des Batignolles（マルシェ・クヴェール・デ・バティニョール／屋根付き常設市場）まで歩くのもいいし、ボボ御用達のショップをのぞくのもいい。

Terres de Café（テール・ド・カフェ）でテイスティングをして気に入ったコーヒー豆を挽いてもらう、アペリティフ用にちょっと珍しいフランスの地ビールをSociété Parisienne de Bière（ソシエテ・パリジエンヌ・ド・ビエール）で買ってみる。料理に合わせて飛びっきりのナチュラルワインを選ぶ、季節ごとの花のディスプレーがいつも気になるLa Fabrique d'Effets（ラ・ファブリーク・デッフェ）で部屋も気持ちも温かくなるようなブーケを作ってもらう……好きなもの、おいしいものを見つけたら家族や友人と分かち合いたい。

ここはそんな気分にさせる街なのです。

マルシェのあとに、おいしい散歩道

L'Atelier des Pains

ラトリエ・デ・パン

31, boulevard des Batignolles 75008

一口サイズのショコラケーキMoelleaux au chocolatは濃厚チョコが入ってしっとり。ベーコン入りバゲットは、裏の窯から出したばかりの焼きたてを。カリッと香ばしく、もちもちした食感がたまらない。

Le Vin en Tête

ル・ヴァン・オン・テット

30, rue des Batignolles 75017

フランス各地の若い醸造家達のワインを、生産者の名前と写真を掲げて紹介。市場には出回らないレアものの宝庫。ここでぜひとも入手したいのは、希少なDescombes氏（ボジョレー地方の醸造家）の赤、Brouilly。

Marché d'Aligre

マルシェ・ダリーグル

寒波は弱まりつつあるものの、まだまだ冷え込みが厳しいパリの朝。こんな日は野菜たっぷりのミネストローネを作りたいなあ……と思いつつ、12区の庶民の台所、マルシェへ。常設市場の Marché Beauvau マルシェ・ボーヴォは、1843年に建てられた、パリで現存する一番古い木造の屋根付きマルシェです。そこを中心として、アリーグル通り沿いに広がる市場は、毎日開催していてとにかく賑やか。威勢のいいかけ声が飛び交うのは下町ならでは。

土日になると賑わいはいっそう増して、まさに〝怒涛のマルシェ〟状態。

まずは、常設市場の隣でABマーク（ビオ）の旗を掲げているスタンドをのぞくことにしましょう。ここは、カゴに好きなものを詰めて、〝4kgで10ユーロ〟。お得感いっぱいなので、ついつい、あれやこれやと入れてしまう。ノルマンディからのりんごは、6種類。最近はジャパンブランドのFUJIも人気。コルシカ島からはレモン。おいしくなってきたコールラビは、新鮮であれば生で食べるとサクサクと甘い。ここのはわさびのような味もかすかにする。ビタミンCが豊富で美肌効果や風邪予防に、買うならいまだ。

北国の長い冬を乗り切るには、ビタミンが必要。週末のマルシェで新鮮なものを探して栄養補給。

Marché d'Aligre
マルシェ・ダリーグル
place d'Aligre 75012
メトロ：Ledru-Rollin ⑧
営：火〜日
7時30分〜13時30分

根菜が揃い、乾燥している冬には干し野菜をつくる。
千切りにしてストックすると、少しずつ使えて便利。

ド〜ンと積み上げられた南の国から届いた春にんじんの美しさといったら！　ちょっと苦みのある青菜はBlette（ブレット／フダンソウ）。黒大根にクレソンに、ミネラルやビタミンに富んで薬効が高いといわれるパネ。辛みの強いピーマンは薄切りにして、太めのパスタでペペロンチーニにしたい。そこへ、たっぷりおろしたカラスミをのせたら、もう最高！

屋根付きマルシェ・ボーヴォの中へ。ガチョウの看板がかわいいのは、ブルターニュとオーベルニュ地方の乳製品、ハム、ソーセージ、テリーヌやリエットなどの惣菜を扱う店。ノエルの飾りが残る肉と臓物の店も、絵看板に魅かれてしまう。肉屋さんには、いつも買う子豚の丸焼きが今日もグルグル……いい飴色に。脂が落ちてカリッと焼けた皮には、バスクやポルトガルへ旅したときの味が蘇ってくる。

市場の隣には、フランス人の友人が「Un lieu mythique（神話っぽい場所）」と呼ぶ、1930年代からあるワイン・バー Le Baron Rouge（ル・バロン・ルージュ）。週末の買い物を済ませた人たちがお昼から一杯やっていて、すっかりゴキゲンです。

アリーグルの帰りは、静かな裏通りへ向かえば、品揃えが豊富なビオの店や若いシェフのブーランジュリーがある。Faidherbe-Chaligny（フェデルブ・シャリニー）の方へ歩くと、パティスリー

Triperie（トリプリー）というのは臓物屋のこと。羊の脳みそ、腸や心臓……モツならなんでもござれ！

パーティーには丸ごと1頭分オーダーしてみては？

や人気のビストロ、ギャラリー、ブティックが多く、西のバスティーユ方向は、昔ながらの家具職人の街。古い小路を入ると、小さな工房やアーティストのアトリエをのぞくことができる。

家に戻ると、マルシェで買った新鮮なヒヤシンスの花の精が鮮烈な香りを放っている。ミネストローネの材料に買った野菜たちを眺めながら、思わずニヤニヤ。コールラビ、ブレット、黒大根、赤ねぎ、サルシフィ、フヌイユ、トピナンブール、パネ……ひとつひとつの色や形が実に美しく、つくづく面白いと思う。

マルシェのあとに、おいしい散歩道

La Graineterie du Marché

ラ・グラヌトリー・デュ・マルシェ

8, place d'Aligre 75012

1985年創業の"粉もん屋"。穀類からスパイス、種、園芸グッズまで扱うエピスリー。奥に入れば"お宝の山"。ワクワクするような食器やキッチングッズが。買い出しが楽しくなるカゴやバッグも豊富。

Boulangerie Bo

ブーランジュリー・ビーオー

85 bis, rue de Charenton 75012

クリエイティブなシェフが創り出す旬の果物をふんだんに使ったケーキがいつも楽しみ。スパイスや和素材を効かせた斬新なアイディア。イカ墨バゲットやフォカッチャなどもぜひ試してほしい味。

冬のレシピ①

サーモンのパルマンティエレモントリュフ風味

Parmentier de saumon aux citron et truffe

パルマンティエは、牛ひき肉の上にマッシュポテトを重ねて焼く、クラシックな家庭料理。これは、牛ひき肉の代わりに旬のサーモンを入れたもの。チーズやパン粉をかけて香ばしく焼くのもいい。ベジタリアン用には、きのこをたっぷり使って。

材料　4人分

じゃがいも…800g
塩鮭…400g
玉ねぎ…2個
ほうれん草（またはクレソン）
…1束
パセリ…少々
レモンの塩漬け…少々
オリーブオイル…大さじ2
トリュフオイル…少々

① じゃがいもを水から茹でて、マッシャーで潰す。
② 焼いた鮭をほぐして、みじん切りにした玉ねぎと一緒にオリーブオイルで炒める。
③ 大きく切り分けたほうれん草をさっと炒めて、刻んだレモンの塩漬けと混ぜる。
④ グラタン皿に②と③を敷いてから、①をのせて、180℃に温めておいたオーブンで、20分くらい焼く。パセリを飾り、食べる直前にトリュフオイルを振りかける。

冬のレシピ②

きのこの あったかヴルーテ

Velouté de cèpes

Velouté（ヴルーテ）とは？“ビロードのような”滑らかなポタージュのことです。春ならアスパラガス、初夏は空豆、秋は栗……と、旬の素材を使ったヴルーテがビストロで人気。作りたてのアツアツをいただくと、きのこの滋味が冷えた体にじ〜んと染みわたるよう。カリッと焼いたガーリックトーストを添えて。

材料　4人分

玉ねぎ…2個
きのこ（セップ茸、しいたけ、マッシュルーム、舞茸などお好みで）…200g
水…1カップ
豆乳…2カップ
固形ブイヨン…1個
グレープシードオイル…大さじ2
アボカドオイル（またはオリーブオイルを好みで）…大さじ1
パセリ…少々
枝豆（好みで）…少々

① 玉ねぎをみじん切り、きのこは石づきを取り除いてスライス（そのうち4個分は、トッピング用に取っておく）。パセリもみじん切り。
② 鍋にグレープシードオイル大さじ1を熱して玉ねぎを炒め、きのこを加え、さらに水と固形ブイヨンを加えて5分くらい煮る。
③ ②に豆乳を加えてミキサーかブレンダーで滑らかになるまで撹拌。鍋に戻して温める。
④ その間に、フライパンにグレープシードオイル大さじ1を入れて、残しておいたきのこを焼く。
⑤ 器にスープを注いで、きのこ、パセリ、枝豆を飾る。好みでアボカドオイルを振る。

冬のレシピ③

冬野菜のミネストローネ

Minestrone en hiver

冬は大地の養分を吸った根菜や、甘みを蓄えた野菜がご馳走。食べ物の力で体を芯から温めたいと思う時に作るのは、この具だくさんのミネストローネ。味付けは、ドライトマトの塩気とわずかなスパイスだけ。きっと、スープに溶け込んだ野菜の旨みに驚くはず！

材料 6人分

根菜いろいろ…約600g
小玉ねぎ…6個
クローブ（丁子）…6個（小玉ねぎに刺す）
れんこん薄切り…少々
オリーブオイル…大さじ2～3
にんにく…1かけ
ドライトマト…4、5枚みじん切り
コリアンダーの粒…ひとつまみ
黒こしょうの粒（または、粗挽きこしょう）…ひとつまみ
ミニパスタ…ひと握り
春にんじん…適宜

① コールラビとサルシフィ以外は皮付きでどんどん輪切り。薄くても厚くてもお好みで。
② 鍋に潰したにんにくとオリーブオイルを入れてから火にかける。弱火で炒めて、にんにくの香りを引き出す。
③ ②に野菜とドライトマトを入れて強火で炒める。野菜にオイルを十分回らせてから、ひたひたになるくらい水を入れ、黒こしょうとコリアンダーを加える。
④ 蓋をして中火でことこと。煮えてきたら、別に茹でておいたミニパスタを入れて（もしくは、野菜と同時に入れてもいい）火を止める。
⑤ お好みで、さっと茹でた春にんじんを飾る。

冬のレシピ④

かぼちゃのフランと栗のコンフィー

Flan de Kabocha et châtaignes confites

毎年、栗の季節になると、どうしても一度は作りたい渋皮煮。最初にお湯で少し煮ると鬼皮も柔らかくなるので、先端を爪でつまみ手で剥くことができます。栗の煮汁を小鍋でとろみがつくまで煮詰めると、艶やかなカラメルシロップのようになってきれい。クレープやアイスクリームに添えれば、ノエルの時期にぴったりなデザートに。

材料　6人分

[栗のコンフィー]
栗…300g
黒糖…150g（お好みで加減）
水…約500cc
重曹…小さじ3

① 栗をたっぷりの水に漬け、水から5分ほど茹でて、そのまま冷ます。手を入れられるくらい冷めたら、鬼皮を剥く。
② 渋皮の付いた状態で鍋に入れて水を注ぎ重曹小さじ1を入れ、沸騰したらお湯を捨てる。これを、あと2回繰り返す。
③ 鍋に栗、黒糖、水500cc（栗が隠れるくらい）を入れて、弱火で30〜40分ほど煮て、そのまま冷ます。

[かぼちゃのフラン　18cm角の型1個分]
かぼちゃのピュレ…300g
（皮と種を除いた正味の量を蒸してからミキサーやブレンダーでピュレ状に）

A
- 薄力粉…50g
- ベーキングパウダー…小さじ1
- シナモン…少々

B
- 卵…3個
- 砂糖…60g
- グレープシードオイル…40cc
- 牛乳（豆乳、生クリームでも）…150cc

① 大きめのボウルの中に材料Aをふるいながら入れる。型にオーブンペーパーを敷いておく。
② 材料Bを泡立て器でよく混ぜ、Aのボウルに注いで混ぜてから、かぼちゃのピュレを加える。
③ 型の中に注ぎ入れて、180℃に温めておいたオーブンに入れて、30分ほど焼く。
④ 型から出し、冷ましてから切り分ける。栗のコンフィーを飾り、煮汁をかける。

パリのおすすめマルシェ

Mes marchés de Paris

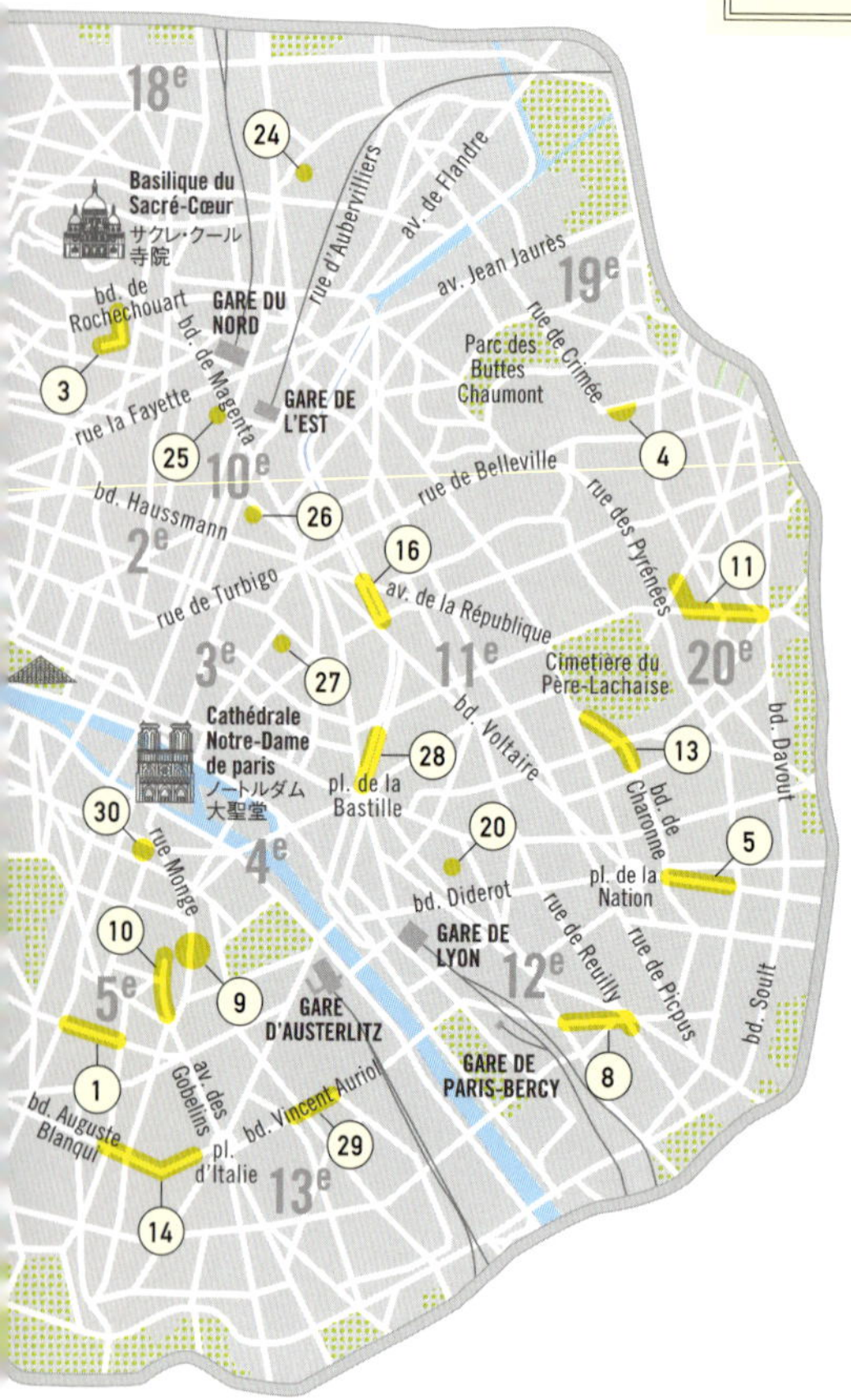

1. *Marché Port - Royal*
   マルシェ・ポール・ロワイヤル
   → P14
2. *Marché Convention*
   マルシェ・コンヴァンション
   → P20
3. *Marché Anvers*
   マルシェ・アンヴェール → P28
4. *Marché Place des Fêtes*
   マルシェ・プラス・デ・フェット
   → P36
5. *Marché Cours de Vincennes*
   マルシェ・クール・ド・ヴァンセンヌ
   → P42
6. *Marché Grenelle*
   マルシェ・グルネル→ P48
7. *Rue Cler*
   クレール商店街→ P48
8. *Marché Daumesnil*
   マルシェ・ドメニル→ P60
9. *Marché Monge*
   マルシェ・モンジュ→ P66

10 *Rue Mouffetard*
ムフタールの市場通り→ P66

11 *Marché Belgrand*
マルシェ・ベルグランド
→ P72

12 *Marché Saxe-Breteuil*
マルシェ・サックス・
ブルトゥイユ → P84

13 *Marché Charonne*
マルシェ・シャロンヌ→ P90

14 *Marché Auguste-Blanqui*
マルシェ・オーギュスト・
ブランキ→ P98

15 *Marché Président Wilson*
マルシェ・プレジダン・
ウイルソン→ P104

16 *Marché Popincourt*
マルシェ・ポパンクール
→ P110

17 *Marché Edgar Quinet*
マルシェ・エドガー・キネ
→ P122

18 *Marché Biologique des Batignolles*
マルシェ・ビオロジーク・デ・
バティニョール→ P128

19 *Marché couvert des Batignolles*
マルシェ・クヴェール・デ・
バティニョール→ P133

20 *Marché d'Aligre*
マルシェ・ダリーグル→ P134

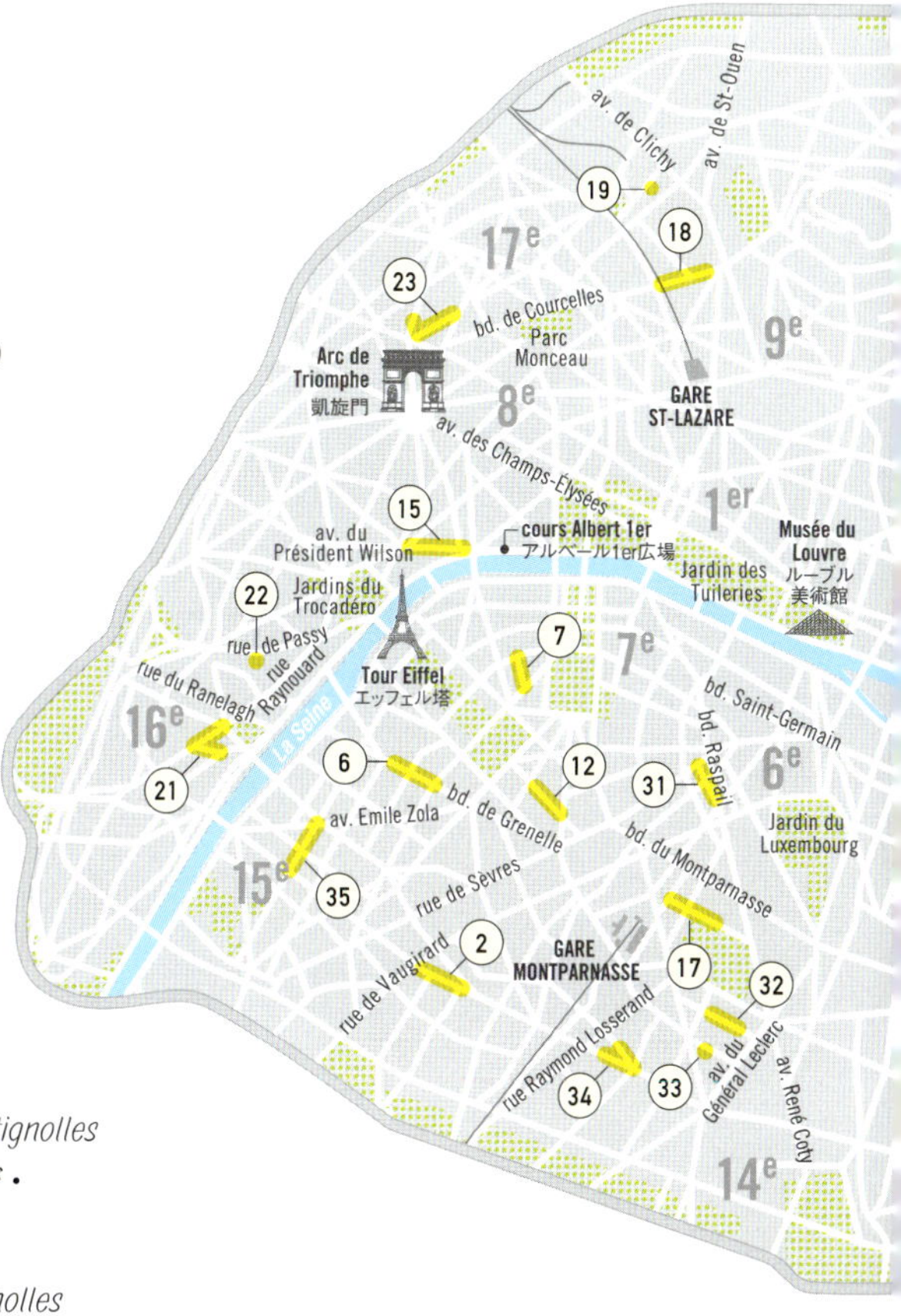

①から⑳は本文中に登場したマルシェ。㉑から㉟までは、それ以外のお気に入りのマルシェです。マルシェに商品が出揃うのは、だいたい8時半から9時頃。早々に売り切れて店じまいをするスタンドもあるので、明記した営業時間は目安となります。平日よりも金・土・日のほうが、スタンド数が多く充実。魚は火・金がお薦め。

㉕ *Marché couvert St-Quentin*

マルシェ・クヴェール・サン・カンタン
85, bis bd. Magenta 75010
メトロ：Gare de l'Est ④⑤⑦
営：火〜土　8時〜20時
日　8時〜13時30分

懐かしい“昭和のアーケード街”の風情が好きでたまに通う。おすすめは、天然物を多く扱う魚屋さんと、ポルトガル食材店の向かいの八百屋さん。生牡蠣やお惣菜をイートインできるところもいくつかあり便利。

㉖ *Marché couvert St-Martin*

マルシェ・クヴェール・サン・マルタン
31 ／ 33, rue du Château d'Eau 75010
メトロ：Château d'Eau ④
営：火〜土　9時〜20時
日　9時〜14時

魚屋さんは週末になると貝が豊富。ドイツのエピスリーにはビール、ソーセージ、ジャムやサブレなど、ドイツ人の大好物を集めた圧巻の品揃え。宝の山の中から、お土産を探してみては？

㉗ *Marché couvert des Enfants Rouges*

マルシェ・クヴェール・デ・アンファン・ルージュ
39, rue de Bretagne 75003
メトロ：Filles du Calvaire ⑧
営：火〜日　8時〜14時、16時〜20時
（週末はノンストップ）

行きつけの魚屋さん、お花屋さんも親切。土曜朝だけ出ている近郊農家の野菜、りんごが気に入っている。いろいろな食堂があるので、平日は近所で働く人、週末は家族連れでごった返す。

㉘ *Marché Bastille*

マルシェ・バスティーユ
bd. Richard Lenoir 75011
メトロ：Bastille ①⑤⑧
営：木、日　7時〜14時30分

日曜の朝は大混雑するので、早めに出かけましょう。お薦めはブルターニュの貝、オリーブ、養鶏場直営店の鶏のグリル、ピカルディー農園の芋、りんご、梨。

㉑ *Marché Gros la Fontaine*

マルシェ・グロ・ラ・フォンテーヌ
rue Gros et rue la Fontaine 75016
メトロ：Av du pdt Kennedy RER - Cl
営：火、金　7時〜14時

10時頃に行くと、星付きレストランのシェフたちが近郊農家ジョエル・ティエボーさんのスタンドを目がけて訪れ、野菜を吟味する姿に出会うこともしばしば。プロが選ぶ旬の野菜に興味津々。

㉒ *Marché couvert de Passy*

マルシェ・クヴェール・ド・パッシー
place de Passy 75016
メトロ：Passy ⑥／La Muette ⑨
営：火〜金　8時〜13時、16時〜19時
日　8時〜13時

冷えたワインと生牡蠣を堪能できるオイスター・バーが。隣にある商店街 Rue de l'Annonciation にもワインカーヴ、パティスリーやイタリアンのエピスリーなど、食材店が充実している。

㉓ *Marché Poncelet*

マルシェ・ポンスレ
rue Poncelet & rue Bayen 75017
メトロ：Terne ②
営：火〜土　9時〜13時、15時〜19時
日　9時〜13時

昼時には鮮魚が有名な Daguerre marée（ダゲール・マレ）、その隣のフォアグラがスペシャリテの Divay（ディヴェイ）のお惣菜やランチセットが人気で、賑わっている。

㉔ *Marché couvert La Chapelle*

マルシェ・クヴェール・ラ・シャペル
10, rue de l'Olive 75018
メトロ：Marx Dormoy ⑫
営：火〜土　8時30分〜13時、16時〜19時30分　日　8時30分〜13時

中央の肉屋さんで扱っている、ロワールの森の養豚場の豚肉、自家製パテやハムがおいしい。買い物後の朝食に立ち寄る、近くの Bob's Bake Shop（12, Esplanade Nathalie Sarrante）で NY のダイナー気分。

㉝ *Marché Mouton Duvernet*

マルシェ・ムートン・デュヴェルヌ
place Jacques Demy 75014
メトロ：Mouton Duvernet ④
営：火、金 7時〜14時

パリ近郊農家エリックさん一家の野菜が人気。ノルマンディから直送、その場で茹でる貝や蟹が美味。隣はチーズの有名店。マルシェ横 Hugo Desnoyer（ユーゴ・デノイエ）の肉もおすすめ。

㉞ *Marché Villemain*

マルシェ・ヴィルマン
av. Villemain 75014
メトロ：Plaisance ⑬
営：水、日 7時〜14時30分

ビオの亜麻入りの田舎パン、ノルマンディの貝や蟹。また、ふたつの八百屋さん Patates の芋やきのこ、Carol Primeurs の南西部やプロヴァンスの果物が素晴らしい。ポルトガル食材と、その裏にあるお店のチーズもいい。

㉟ *Marché Saint-Charles*

マルシェ・サン・シャルル
rue st-Charles 75015
メトロ：Charles Michels ⑩
営：火、金 7時〜14時30分

ノルマンディの港町 Dieppe（ディエップ）直送の魚は鮮度も値段も抜群！ ジャン・ルイさんの山羊のチーズと豚肉も買える。近くの ショッピングモール Beaugrenelle（ボーグルネル）への寄り道も楽しい。

㉙ *Marché Vincent-Auriol*

マルシェ・ヴァンサン・オリオル
bd. Vincent-Auriol 75013
メトロ：Nationale ⑥
営：水、土 7時〜14時

オーベルニュ地方のスタンド自慢の熟成した生ハム、サラミ、パテ・ド・カンパーニュやチーズがお薦め。メトロの高架下にあるので、雨の日も楽しい。

㉚ *Marché Maubert*

マルシェ・モベール
place Maubert 75005
メトロ：Maubert Mituatilé ⑩
営：火、木、土 7時〜14時

野菜は端にあるビオのスタンドで。この広場の商店街はマルシェ開催日以外でも開いているので便利。セーヌ河を渡って、3軒ある日本とアジアのスーパーによく通う。

㉛ *Marché Biologique Raspail*

マルシェ・ビオロジーク・ラスパイユ
bd. Raspail 75006
メトロ：Rennes ⑫
営：日 9時〜15時

日曜日の朝食はここで！ クレープやマフィン、スコーンに好きなコンフィチュールを塗ってもらい、コーヒーを注文。鉄板で焼いたばかりの熱々のじゃがいもと玉ねぎのガレットもおいしい。

㉜ *Rue Daguerre*

ダゲール通り商店街
rue Daguerre 75014
メトロ：Denfert Rochereau ④⑥ RER-B

この通りの名物は Daguerre Marée（ダゲール・マレ）という、古くからある魚のデパートの本店。ここまで来たら、近くにある夢のようなお菓子屋さん Chez Bogart（シェ・ボガール）にもぜひ寄ってもらいたい。

・本書はウェブマガジン madameFIGARO.jp の人気連載「パリのマルシェとレシピ。」をもとに再編集し、加筆・修正を加えたものです。
・本書に掲載のマルシェやショップのデータは変更になる場合があります。

原田幸代 *Sachiyo Harada*
料理クリエイター

服とバッグブランド「hoa*hoa」のデザイナーをはじめモードの仕事に携わった後、2003年渡仏。料理学校でフランス料理のCAP（フランス国家資格職業適性証書）を取得、ホテル・ムーリス、京料理店、寿司店などで研修を行う。現在は、パリで日本料理教室、東京でフランス料理教室を開催。また、フランスの料理専門誌や料理本で、コンサルティングやレシピ&スタイリングを担当する。2016年春、ベジタリアン向けの料理本『LA CUISINE VÉGÉ-TARIENNE』をフランス全土と海外県、ベルギー、スイス、イギリスなどヨーロッパ各地で発売。

パリのマルシェを歩《ある》く

2016年10月9日 初版発行

著者 原田幸代

デザイン アリヤマデザインストア
地図制作 DESIGN WORKSHOP JIN, INC.
校正 円水社

発行者 小林圭太
発行所 株式会社CCCメディアハウス
〒153-8541 東京都目黒区目黒1丁目24番12号
電話 販売 03-5436-5721
編集 03-5436-5735
http://books.cccmh.co.jp

印刷・製本 大日本印刷株式会社

Printed in Japan
ISBN978-4-484-16223-2

FIGARO BOOKS

おすすめの本

パリの散歩シリーズ

パリ&パリから行く アンティーク・マーケット散歩　石澤季里

パリ・クリニャンクールはもちろん、ブルゴーニュやプロヴァンスの夏の大市、ブリュッセルの蚤の市、アムステルダムのアンティーク・センター、コペンハーゲンのアンティーク・ストリート、さらに、トスカーナの小さな田舎町で開かれる大マーケットまで――ヨーロッパのマーケットを歩けば、歴史とともに生きる人々の暮らしが見えてきます。

1,600円　ISBN978-4-484-13217-4

改訂版　ガイドブックにないパリ案内　稲葉宏爾

華やかなパリもいいけれど、うらぶれたパリの隅っこを歩くと、多様な文化が溶け合うパリのもうひとつの姿が見えてきます。「パリ歩きの達人」である著者とともに、裏通りを歩いてみませんか？フィガロジャポンの人気連載をまとめた『ガイドブックにないパリ案内』を全面改訂しました。写真や地図も、著者によるもの。素敵な写真を見るだけで、パリに出かけたくなります。

1,800円　ISBN978-4-484-12208-3

パリの雑貨とアンティーク。　フィガロジャポン編集部 編

可憐なレースや永遠に輝く銀製品。過去の魔法がかけられたアンティークは、遠い街の暮らしや、誰かの人生を教えてくれる。ブロカント屋で見つけた上品な白い皿に、どこか懐かしいガラスやホウロウは、テーブルに豊かな香りを運ぶ。パリジェンヌの暮らし方がシックで楽しげなのは、昔ながらの雑貨やアンティークがあってこそ。パリの暮らしを支える雑貨屋、ブロカント屋など91軒。

1,600円　ISBN978-4-484-11204-6

パリのおいしいおみやげ　吉野美智子

神田うのさんご推薦、パリのグルメな案内人、一つ星レストラン「ステラマリス」のマダム吉野が教えるパリジェンヌ御用達、お持ち帰りできる美味の数々。モッツァレラチーズ入りフォアグラのテリーヌ、夏トリュフ入りバター、まぐろのリエット……日本ではめったにお目にかかれないフランスならではの美食散歩に誘ってくれます。

1,500円　ISBN978-4-484-07217-3

パリのグルメシリーズ

パリ、異邦人たちの味　稲葉由紀子

これほど多様な食材と料理がふつうに味わえる国って、他にはないだろう。モロッコの「3種の粒のクスクス」、エチオピアの「ご馳走盛り合わせ」、ベトナムの「フォー」、スペインの「青唐辛子の素揚げ」、ポーランドの「パストラミのサンドイッチ」……。パリっ子だけが知っている、とっておきのエスニック料理＆レストランを紹介します。

1,700円　ISBN978-4-484-16202-7

おいしいフランス　おいしいパリ　稲葉由紀子

フランドルの「ワーテルゾイ」、アルザスの「ベックオフ」、ブルゴーニュの「ブッフ・ブルギニヨン」、ラングドックの「コンフィ入りカスレ」、プロヴァンスの「干ダラのブランダード」……。「フィガロジャポン」の好評連載に、書き下ろし「楽しい田舎暮らし」をあわせて1冊になりました。テーブルを彩るフランス各地の郷土料理たちを通して、フランスの田舎の魅力をたっぷり紹介します。

1,700円　ISBN978-4-484-14207-4

パリのビストロ。　フィガロジャポン編集部 編

行きつけのビストロでは、ほっこり家庭料理をお目当てに、週に何度も通ったり。オーナーとのおしゃべりだって、ごちそうのひとつ。ずっと変わらない伝統料理も、若手シェフの軽妙な一皿も、パリのビストロは、おいしい出合いの宝箱。パリジャン流ビストロの楽しみ方、星付き出身シェフの店、名店の定番料理レシピなど、パリのおいしさを全制覇する20区ビストロガイド。

1,500円　ISBN978-4-484-10234-4

パリのお菓子。　フィガロジャポン編集部 編

パリジェンヌに愛される街はずれの人気店、親子3代で昔ながらの味を守る老舗。才能溢れる若手パティシエの原点は、子どものころの幸せな思い出。宝石箱のようなショーケースには、妻や子どもへの愛情がいっぱい―。パリのお菓子がぎゅっとつまったガイドブック。とろけるような魅惑のお菓子を求めて、さあ、おいしいパリ散歩に出かけよう。

1,500円　ISBN978-4-484-10227-6

定価には別途税が加算されます。